高校体育文化理论与实践研究

刘国华　著

吉林人民出版社

图书在版编目（CIP）数据

高校体育文化理论与实践研究 / 刘国华著. -- 长春：
吉林人民出版社，2023.7

ISBN 978-7-206-20255-1

Ⅰ．①高… Ⅱ．①刘… Ⅲ．①高等学校－体育文化－
研究 Ⅳ．①G807.4

中国版本图书馆 CIP 数据核字(2023)第207513号

高校体育文化理论与实践研究
GAOXIAO TIYU WENHUA LILUN YU SHIJIAN YANJIU

著　　者：刘国华	
责任编辑：赵梁爽	封面设计：张田田

出版发行　吉林人民出版社（长春市人民大街 7548 号　邮政编码：130022）

印　　刷　河北创联印刷有限公司

开　　本：787mm×1092mm　　　　1/16

印　　张：9.5　　　　　　字　　数：150千字

标准书号：ISBN 978-7-206-20255-1

版　　次：2023年7月第1版　　　印　　次：2023年7月第1次印刷

定　　价：68.00元

如发现印装质量问题，影响阅读，请与印刷厂联系调换。

前　言

体育文化作为文化的一种，也具有传承性与时代性。体育教育是高等教育的重要组成部分，是培养德、智、体、美全面发展的人才所必不可少的重要内容。体育文化作为以人的身心健康和全面发展为目的的身体运动及其相关文化体系，其目的与教育的目的有不谋而合的相似点。近年来，随着高等教育的不断发展，人们重新审视了学校课外体育活动和体育竞赛的作用和价值，期盼着丰富多彩的体育文化能走进校园，强烈呼唤变革和创新传统单一的校运会模式。在这种形势下，体育教学的内容和形式更加贴近时代的潮流和在校学生的需求，体育的内容和形式都有了很大的变化，很多兼具健身性和娱乐性的体育课程已经进入高校体育教学中，并受到了大学生的欢迎。各种教学形式在高校体育教学中蓬勃发展，呈现出良好的势头，促进了体育教学，丰富了高校体育文化形式，提高了高校学生参与体育文化活动的热情，培养了学生的终身体育文化意识。

高等院校对学生的培养必须注重综合素质的全面提高。健康的体魄、全面的健身知识是新时期普通大学生必须具备的。但是大学体育的学时有限，这需要学校通过加强校园体育文化建设来弥补体育课堂教学的不足。

校园体育文化教育一直是校园文化建设中的重要话题。本书从高校体育文化、高校体育文化建设、高校体育健身文化建设、高校体育竞技文化建设、高校体育文化实践研究以及高校体育文化的传承与发展几个部分，引用各种案例，运用文献资料、数据调查、逻辑推理的方法，以体育文化理论为出发点，对高校校园体育文化的模式、历史演变、传播交流以及传承与保护，尤其对体育运动的人文价值等诸多问题进行了讨论和分析，并根据发展的趋向，通过分析国内外经典案例，提出新时期高校校园体育文化建设的方向。

刘国华

2023 年 1 月

目　录

第一章 高校体育文化

校园文化是社会主义精神文明在学校的体现，是一所学校独特的精神风貌，也是学生文明素养、道德情操的综合反映。校园文化建设反映了学校的综合办学水平，是培养具有创新精神和实践能力的高素质人才的内在要求。因此，倡导什么样的校园文化，始终是高等学校的一项重要研究课题。校园文化又是整个社会文化的一部分，是一种具有引导性的亚文化、一种特殊的社区文化、一种精神文化。从其构成上看，它是以物质条件为基础的载体文化和以人文为中心的人和社会精神文化的统一。校园文化活动的蓬勃开展，对于提高学生的人文道德素养、开阔学生的视野、培养一专多能的高层次复合型人才具有深远意义。

第一节 校园体育文化概述

一、校园体育文化的定义

（一）校园体育文化的概念

校园体育文化是校园文化和体育文化两者相互影响、融合、渗透、促进而发展起来的，是在一定社会政治、经济、文化、教育、体育等条件依托下，由学校广大师生在实践过程中共同创造的体育精神和财富的总和。校园体育文化有着深刻的内涵和丰富的外延。首先，它与校园德育、智育、美育文化等一起构成了校园文化群；其次，它又与竞技体育、群众体育等共同组成了广大的体育文化群。从广义上来讲，校园体育文化是学校广大师生、员工在学校现有的环境中，在学校体育教育、学习和活动等过程中创造出来的物质与精神的所有内容。从狭义上来说，校园体育文化是指在学校教学环境下，以学生为主体，以教师为主导，在各种体育活动中相互作用而创造出来的学校文化形态之一，包括体育精神、体育的价值观念、体育道德和体育能力，是学校这一特殊社区的体育群体意识。学校体育文化是一个内涵广泛、系统开放的文化形式。这个系统大致可以分为三个层面：第一个是精神层面，居于主导地位，其中体育健康价值观是学校体育文化的本质和核心，决定了它的目标；第二个是制度、方法层面，这个层面既是学校体育的组织形式，也是学校体育意识的体现，包括体育教学、课余体育活动、体育科学研究、体育竞赛、体育协会、体育交流等全方位制度、方法的确立；第三个是物质层面，是学校体育文化的基础，也是客观物质保障，包括校园的体育建筑、环境、场地、器材、用品和师资队伍等。以上三个层面在学校体育文化建设过程中，应当在"以人为本"的基础上获得协调发展。

（二）校园体育文化功能

1.教育熏陶，促进学生身心全面发展

文化环境是一个使人不断接受新文化滋养、熏陶、装备的园地。校园体育文化是存在于学校这一特定环境中的体育文化形态。学校的体育教师是拥有专门体育知识的人才。人类创造的体育文化经教师的传授以系统的知识形态给学生以滋养，使他们掌握体育知识，认识体育的价值，逐渐成熟起来。

同时，文化是一种超个体的社会存在，它不依人的产生而产生。从个人的角度来看，文化首先是作为一种生活环境而先于个人存在的，人受其影响得到发展，通过从文化环境中汲取营养，潜移默化，接受熏陶，不断地追求培养人的可能和界限，促使人实现从"自然"到"文化"、从"现实"到"理想"的转变。

2. 强身愉情，增进学生身心健康

"健康应是在精神上、身体上以及社会上保持健全的状态"——这一世界卫生组织对健康提出的新概念，阐明了人的健康应包括身体和精神两个方面。身体健康包括良好的发育、正常的生理机能及承担负荷的适宜反应。校园体育文化中的行为文化即是以身体运动为基本的表现形式，由它所构成的体育锻炼过程，给予人体各器官、系统一定的强度和量的刺激，使机体在形态结构、生理机能等方面发生一系列适应性反应，从而对机体产生积极的影响，并有效地促进人们的身体健康。校园体育文化中的意识、行为、物质三个部分均有助于人们的心理调节，满足师生、员工对精神文化生活的需要。各种体育手段和方法，可以使人锻炼意志品质，催人奋发进取，培养集体观念，加强组织纪律，协调人际关系，给人带来欢愉，使人的身心得到和谐、健康的发展。

二、校园体育文化的意义

校园文化是学校组织在教育管理过程中营造的具有各自特色的文化意识，是包括学校的发展目标、价值观念、风格特点、传统习惯和规章制度等在内的有机整体。校园文化建设从多元化入手，立足于现实建设，着眼于长远发展，开展校园体育活动，使校园文化建设活动寓乐、美、学、文于一切健康、有益的社会活动之中。用现代体育思想促进校园文化建设，以健全的组织文化构建凝聚群体意志和力量的团队精神，这对组织成员的创造力、凝聚力、组织效率的提高及组织目标的实现有着广泛、深刻的影响和积极作用。

（一）校园文化的特点

1. 校园文化的整体性特点

就体育文化而言，它不是对单一的文化活动的描述，而是以深邃的大学传统为底蕴、先进的大学精神为理想，通过校风、学风等校园精神弥漫在每一位学生心中的群体文化。在高校任何一种校园文化传播中，从精神理念的设计到具体部门的实施，都需要教学、科研、管理、后勤等各部门的密切配合，群体协调。

2. 校园文化的实践性特点

校园文化既是一种文化理想，又是一个实践过程，不管是从学校层面、管理层面、教师教育层面还是学生层面，都存在继承、发扬、修正、完善的过程，因此是一个系统工程。体育文化的凝练和形成，同样需要有针对性的工作部署与实践活动来实践、传播、运用、灌输与推广。

3. 校园文化的主体性特点

校园文化的主体是指与客体对象相对应的校园文化建设的承担者、执行者和受益者，包括学生、教师、管理人员等全部的校园人。课堂教学、课外活动、学术论坛、社团组织的各类活动、媒介宣传引导、各类竞赛活动等，都需要教师、学生的主观能动意识得以充分发挥，共同建设美好的精神家园。

（二）校园体育文化在校园文化建设中的作用

体育运动是体育文化发展的载体，也是一种社会文化需要。作为文化现象，体育有很强的教育功能，在校园文化建设中具有不可替代的特殊作用。

1.高校体育具有教育效能，在校园文化建设中育德于乐

具备思想性、学习性的体育活动是校园文化中一种无形的精神力量。体育活动和体育锻炼能在其过程中培养人、教育人、改造人，从而潜移默化地熏陶、感染每一位校园人，也加速校园人在政治素质、价值取向、知识技能、人格心理等方面的社会化进程，使学生不同程度地产生完善自我、发展自我的心理需要，有效抑制与大学生要求不相符的思想和行为。高校体育文化以其广泛的群众基础、突出的德育功能，提高了校园人热爱美、鉴赏美和表达美的能力，使高校形成具有鲜明特点的校园文化。

2.高校体育具有凝聚效能，在校园文化建设中寓教于乐

青年学生是祖国的栋梁，因而必须引导青年学生努力拼搏、刻苦成才，发挥凝聚力和战斗堡垒的作用。体育活动中的竞技运动正好凸显了为集体拼搏的竞争精神，是沟通感情的"桥梁"，是增进友谊的"纽带"，是凝聚人心、增进团结的"法宝"。实践证明，高校体育文化作为校园文化的一部分，能够激发人们产生认同感、使命感、自豪感和归属感，形成巨大的内聚力，将个体目标整合为学校的总体目标。

3.高校体育具有激励效能，在校园文化建设中励志于乐

开展积极向上的体育活动能够强有力地调动校园人的积极性、主动性和创造性，从而产生一种巨大的鼓舞人心的精神力量，形成学校活力。校园文化工作离开了体育工作就缺乏应有的生机和活力。我们在抓好教学与科研的同时，要注重与有效的体育活动相配合，鼓舞斗志，培养集体荣誉感。

4.高校体育具有传播导向效能，在校园文化建设中获智于乐

学生在运动场上最容易传递真情实感，最容易赢得同场竞技者的喜爱和尊重，也最容易得到战友般的信任，并在"是对手更是朋友"的轻松氛围中建立新友谊。在运动中，学生学会如何尊重自己和他人，如何实现合作，如何把握适度忍让和情感表达，"学会做人、学会学习、学会做事"。高校体育活动能陶冶、感染、规范学生，为个体行为提供价值参考，使个体自觉地把组织目标视为自己的行为目标。

（三）应该采取怎样的措施来发展校园体育文化

1.要树立科学的校园体育文化观

校园体育文化观是个人或社会对体育存在的意义和价值的认识或看法。可以说，校园体育文化观念的方向决定了校园体育文化的发展方向。校园体育文化的参与者应具备如下校园体育文化观：校园体育文化是学校文化的重要组成部分；体育锻炼是科学、文明、健康的生活方式，应成为师生生活中不可缺少的内容。师生生活中不能缺少体育，娱乐离不开体育，健美更需要体育。体育是竞争、完善个性、体现人的价值的重要途径，也是强身健体、缓解学习疲劳和学习压力的重要手段。

2.要转变教育思想和观念

教育思想和教育观念的转变是校园体育文化建设的关键。教育目标、培养模式、体育课程设置、教学内容等各方面在深层次上无不受到教育思想、教育观念的支配和指导。我们要用新的思维、新的标准、新的目标去构建新的大学体育教育体系，塑造新的大学体育教育模式。在体育教学过程中，应强调技能与文化的自然渗透与融合。在教学中，一方面要增强对学生体育意

识和健康意识的教育，培养学生自觉参与体育锻炼的兴趣和习惯；另一方面要把当前体育教育与终身体育教育有机地联系起来，使学生树立终身体育的意识。

3. 加强校园体育文化制度建设

校园体育文化制度是学校根据自身的特点制定的包括学校颁布实施的涉及体育教学管理、运动竞赛管理、体育社团管理等各方面的规章制度。在加强校园体育文化制度建设的同时，要积极听取学生的建议，使校园体育文化制度能够适合本校学生的实际状况，更大程度上激起学生共同参与建设校园体育文化的兴趣。

4. 加强课余体育俱乐部和运动队建设

课余体育俱乐部是广大学生自愿参与的，以健身和康乐为目的组建的体育娱乐组织。成功的俱乐部及有特色的运动队对校园体育文化建设具有举足轻重的作用，往往会使师生、员工产生巨大的凝聚力。

5. 实施"主体性教育"，改变以往由学校主导并控制的校园体育文化

在校园体育文化的建设中，要充分提高学生的自主性、主动性和创造性，使校园体育文化成为学生自己的体育文化。

三、高校体育教学中体育文化的传承

（一）转变教学观念，全面提高大学生的体育文化素养

体育文化素养就是指人们平时所习得的体育知识、技能，借此而形成的正确的体育认识、价值观，以及正确的待人处事态度和方式等的复合性整体。学生体育文化素养由体育知识、体育意识、体育技能、体育个性、体育品德、体育行为等要素组成。其中，体育知识是基础，体育意识是动力，体育技能

是重点，体育个性是关键，体育品德是灵魂，体育行为是目标。高校体育要从"育体"向"育人"方向转变，从单纯追求学生外在的技术水平和身体素质转变为追求学生的身体全面协调发展，即打破以往的以运动技术传授为主线的教学体系，建立起以合理的运动实践为手段，全面完成增强体质，传授体育文化，培养学生终身从事体育健身的意识、能力及坚持体育锻炼的意志品质的统一协调发展的教学新体系，为学生终身从事体育健身锻炼打下良好的基础。从素质教育的角度来讲，体育素养就是人们在先天自然因素（生理方面）的基础上，通过环境与体育教育影响所产生的后天社会因素（精神方面）及其体育能力等品质相结合而形成的人的一种体育素质。传承文化的活动是人的创造性活动。人的素质的高低直接决定着文化发展的速度和水平。当代大学生作为传承体育文化的主力军，不仅要保存、传递人类历史上形成的一切优秀体育文化，还要在继承、汲取的同时，通过选择、整合、实现综合创新，创造出与时俱进的先进文化。因此，要使学生能够真正承担起传承体育文化的历史责任，必须全面提高他们的体育素养，这是体育文化得以传承的保障。

（二）加强校园体育文化环境建设

在学生体育意识、体育价值观的形成过程中，文化环境的影响具有极为重要的作用。学校可在运动场地、区域竖立与该运动项目相关的宣传牌，包括该运动项目的中英文名、简介、技术要领、锻炼作用以及注意事项等。体育馆门厅两侧可布置上制作精美的宣传长廊，包括锻炼对身心的影响、合理营养、准备活动的要求和功能、各年龄段身体形态的正常值等内容；墙上还可布置上名人谈健身和体育的格言；等等。

（三）在体育教育模式中传承体育文化

1.改革课外体育活动

首先，必须明确课外体育活动是体育课的延续和有效补充。课外体育活动必须有明确目的地给予辅导，不能仅局限于发放器材或监督活动时间，既要让学生对课堂上的理论技术进行充分实践，又要使学生获得必要的运动快感，还要与学生良好的运动习惯养成联系起来。其次，课外体育活动的形式要多种多样，可以是俱乐部的形式，也可以是学生的体育组织，如各类体育协会和社团组织等，还可以是体育知识专题讲座，等等。

2.改革课堂

体育教学要提高学生的体育文化水平，必须突破传统的体育教学模式的束缚，营造轻松、活泼、欢乐的学习氛围，让学生在快乐的学习与锻炼中体验体育的乐趣，学会用运动锻炼身体、增强体质。在教学组织上，以"活泼、自由、愉快"为主调，主张严密的课堂纪律与生动活泼的教学氛围相结合，强调信息的多向交流与教学环境的优化，要克服教学组织形式竞技化的倾向。教师向学生传递的应当是体育文化，而非单纯的竞技运动训练，应向学生重点传授体育锻炼的方法和如何培养良好的运动习惯等，为学生的终身体育打好基础。因此，现代体育教学方法应当是完整系统的理论文化、知识传授与愉悦深刻的运动体验相结合，课堂教学与课外活动相结合，显性课程与隐性教育相结合，多管齐下，渗透深刻影响，使学生的身心均能得到变化与提高。

3.举办体育文化艺术节，加强体育文化之间的相互交流

举办体育文化节时，其主要内容就以体育和健康为主，并将全校的师生看作参与主体，在融入竞技体育、健身体育以及娱乐体育的同时，加入一些文化元素。这种方式不仅能够进一步拓展学生进行体育锻炼的时间，还能丰

富其相应的内容及其实现形式，进而让学生更多、更好地融入体育活动，真正地实现集健身性、娱乐性、教学性等于一体，并能在调动学生自身积极性的同时，培养学生的自身兴趣以及自我个性。另外，这种方法也能有效地增强学生的体育意识，在提高其自身体育能力的同时，为其提供一个能够随时展现自己技艺以及才华的舞台。近些年来，我国部分高等院校开展和组织了一些体育文化节，不仅加大了学生同教师之间的体育交流，同时也有效地传播了体育价值观念，激发了学生自身的体育兴趣。还有各大高校通过合理利用现阶段的体育资源来组织以及承办各种相关的体育赛事，使得学生焕发了属于自己的青春，激涌出了那些令我们振奋的希望，并在丰富大学校园文化生活的同时，进一步促进和推动了体育文化的建设。

（四）成立相应的体育俱乐部，并加大宣传力度

应该说，成立体育俱乐部能够增强和提高学生自身的组织能力、领导能力和社交能力，还能在培养学生自身体育精神的同时，拓展体育教学自身的延伸性以及连续性。在成立体育俱乐部的过程中，需要相关校领导加强重视，并倡导和调动学生积极、有效地参与进来，进而在体育俱乐部开展活动的过程中，在丰富体育文化自身内涵的同时，能有效地开阔学生自身的视野以及实践范围，从而促进校园文化的整体发展。当然，开展体育教学的过程中，还需要我们不断地加大对体育文化的宣传力度，以调动学生参加体育活动的主动性和积极性。例如，多做一些宣传海报；定期或者不定期地进行宣传，从而在校园中努力地形成一种轻松、和谐的文化氛围；通过利用当前的一些网络软件来制作一些课件，并放到校园的局域网中，以方便学生浏览。这样能在调动学生自身积极性的同时，有效地增强他们的体育意识。

（五）对教学管理理念进行不断优化和改进，并不断地创新教学方法

在当前的一些高校体育教学过程中，为了能够更好地保证校园体育文化顺利开展，需要我们采取科学、合理的措施和手段来不断完善高校自身的体育制度，并通过使用规范化以及法制化的制度，来约束和制约校园内部所开展的体育活动；另外，需要我们对管理理念以及管理手段进行不断的创新和改进，并结合当前学校自身的实际情况，因地制宜地采取相应的政策和办法，做好体育教学工作，将体育文化自身的生命力和时代特色呈现出来。此外，在高校开展体育教学的过程中，所设置的课程内容应该具有持续性以及大众化的特点，以确保学生能够积极主动地参与整个教学。在我国当前的体育教学过程中，比较流行的体育项目主要有游泳、网球、羽毛球和体育舞蹈等。另外，在当前开展体育教学的过程中，我们还应改变传统的教学模式以及课程设置，换言之，就是改变以往在教学过程中只是在大一及大二开设体育课的情况。争取将体育课堂贯穿到大学四年当中，并在开展教学的过程中，依据学生自身的兴趣适当地增添一些课程。

四、奥林匹克精神文化对我国校园体育文化发展的影响

（一）奥林匹克运动精神

在浩瀚的历史长河中，人类的体育活动丰富多彩。然而，从古至今，在持续的时间、规模、影响以及所追求的崇高思想方面，几乎没有一种活动可以同奥林匹克运动相媲美。现代奥林匹克运动创始于1894年，是古希腊在奥林匹亚每四年举办一次的体育竞赛和文化盛会的延续。它不是一般的体育

竞赛，而是一个以体育为载体的社会文化运动，一种有自己的哲学、理念、追求目标的社会文化运动。奥林匹克运动把自己的理念称为奥林匹克主义，并指出，这是一种"人生哲学"，旨在通过体育运动，增强人的体魄、意志和精神，使人获得全面、和谐的发展，进而建立一个尊重人的尊严、和平的社会。现代奥林匹克运动是人类社会进入工业文明以后的一项伟大的社会实践，对人类文明的进步与发展产生了深远的影响，引导人们摆脱文化偏见，以博大胸怀认识和理解自己民族以外的事物，学会尊重其他民族，学习他们的优秀文化，使人们在公平竞争中加强团结、增进友谊。奥林匹克精神体现的是社会和平、人的文明生活方式。它将体育运动作为实现人类和谐发展的途径，是主导体育运动与教育、人性、社会文化发展相结合的崇高精神，是奥林匹克运动所具有的最珍贵的精神核心。奥林匹克精神不仅是古代奥林匹克运动产生和绵延不断的原动力，也是现代奥林匹克运动得以复兴的历史因由。奥林匹克精神是人类的一种向善、向美、向真的精神追求，体现了人类自强不息、永远向上的精神旨归。《奥林匹克宪章》中明确指出，奥林匹克精神就是在公平竞争的体育竞赛中促进不同种族、不同国家、不同信仰的人之间的相互了解、友谊和团结，它的本质内容包括参与、竞争、公正、友谊与奋斗。这些精神内涵的实质，在奥林匹克运动的著名格言"更快、更高、更强、更团结"中得到了充分的体现。

（二）奥林匹克运动对中国现代体育的影响

奥林匹克运动需要中华民族传统体育。奥运会是世界上最具影响力和号召力的盛会。奥林匹克运动是一个跨国、跨文化、多元化的庞大的体育系统，它在倡导公平竞争的同时，需要汲取不同的民族体育来充实和壮大自身。由于奥林匹克运动过于注重个体力量与"自我价值的彰显"，中华民族传统体育注重整体、自然、和谐的主张正好为奥林匹克运动注入一股活力，使奥林匹克运动系统更为完善。

契机——世界体育一体化、世界和平的需要。经济全球化加速了其他元素的全球化进程，其中自然也包括世界体育一体化。中华民族传统体育拥有悠久的历史与深厚的文化内涵，有着巨大的潜能和良好的发展前景，而奥林匹克运动是世界体育一体化的最典型代表，二者的融合与和谐发展能大大加快世界体育一体化的进程。奥林匹克运动还致力于世界的和平事业，在维护世界和平方面有着不可替代的作用。中华民族自古以来就是一个热爱和平的民族。中华人民共和国也在当今世界的和平维护事业中扮演着重要的角色。中华民族传统体育与奥林匹克运动的和谐发展，符合中国的和谐社会建设，对世界的和平也有积极的意义。"只有民族的才是世界的。"现今世界上任何一项流行的体育项目，最初都是源于各国的民族体育，都是在一定的地域受一定的文化影响而逐渐形成的，后来随着经济发展、文化渗透而逐渐成为在世界上广泛开展的世界性的运动，如日本的柔道、英国的击剑运动。发展中华民族传统体育不仅彰显了悠久且深厚的中国文化，还促进了民族优秀遗产的发掘与传承。发展我国的民族传统体育，也可以使中华民族的传统体育全面走向世界，与世界的体育运动相交融，从而更好地促进国际体育文化的发展。中华民族传统体育要想走向世界并让世界接受，首先要让更多的人了解民族传统体育背后所蕴含的文化内涵，以及中国体育文化体现出的天人合一、崇尚和谐、恪守中道这些人文思想。人们从事体育的目的是健身、养生、益智，排斥激烈的对抗竞争。这些在太极拳、射箭、舞剑、棋类等中华民族传统体育项目中已有所体现。比如，中华民族传统体育项目武术，它的民族性特征非常突出，讲究的是形神合一。外国人如果对中国文化及其精神不了解，就难以把握武术的奥妙和精髓，学习中国的武术就只不过是机械地模仿。另外，由于我国幅员辽阔，而民族传统体育又是依存于某一地区特定的历史和文化背景而存在的，因此，我国的民族传统体育也具有一定的地域性与民族性。

（三）中国当代体育与奥林匹克运动

中华人民共和国的成立，为奥林匹克运动在中国的进一步发展提供了前所未有的机遇。在党和政府的高度重视下，群众体育和竞技体育得到了全面发展，奥林匹克宣传、教育与研究逐渐普及。这一阶段，是利用奥林匹克运动的项目、运动会形式、体育场馆和技术设施为中国人民服务，对奥林匹克运动的表层结构进行平等的改造和为我所用的阶段。而与奥林匹克运动的深层结构，如价值观、思想体系的融合尚未开始，与其中层结构即组织体系方面则存在着严重的对立。1979年，中国恢复了与国际奥委会的正式关系，中国体育开始了全面走向世界的新历程。这一时期的中国当代体育以空前的规模，全方位地同奥林匹克运动进行了接触、交流和融合，并取得了举世瞩目的巨大成就，从而使双方的关系进入了新的发展阶段。奥运会是世界体育运动的盛会，一直吸引着世界的关注。2008年北京奥运会把北京和中国置于全世界所关注的地位，向全世界展示了北京和中国文明友好而鲜活的风貌。北京奥组委承诺保证为世界大家庭成员提供最好的体育场馆、最优美的环境、最方便的服务，保证办成"绿色奥运、人文奥运、科技奥运"，终获巨大成功，令世界刮目相看。成功举办2008年北京奥运会，促进了我国群众体育与竞技体育的全面发展，促使中国成为真正的体育强国；促进了我国与世界的体育合作和交流，不断提高全体国民的整体素质，为世界体育事业的发展做出贡献。在奥运精神的鼓舞和五环旗的指引下，全体中华儿女的爱国主义精神和民族自豪感进一步增强，"更快、更高、更强、更团结"的精神将激励中华民族自强不息、勇于进取，将极大地激发全国各族人民的爱国热情，促进我国改革开放和社会主义现代化建设事业快速发展。2008 年的北京奥运会赋予了奥林匹克运动更多的中华民族传统体育文化的内涵，向全世界介绍了中国的体育文化思想，向世界展现了我国民族体育的魅力与神韵，将中国民族文化的博大精深展现在世界人民的面前。

（四）高校开展奥林匹克文化教育的意义

1. 促进大学生爱国主义精神的形成

奥林匹克运动有意识地采用一些突出国家外部标志的仪式，如奏国歌、升国旗等，这有助于增强以国家为单位的民族认同感，引发人们的爱国主义意识，从而增强民族凝聚力。奥林匹克运动以其独特的形式显示出一个国家和民族在世界上的地位和威望。大学生观看奥运会比赛与电视转播，不仅能够学习奥运健儿高超、娴熟的技术，学习他们顽强拼搏的精神，而且能增强爱国主义情感。

2. 促进大学生人文素质的提高

受 2008 年北京奥林匹克运动会的影响，大学生比以往更加关注奥林匹克运动方面的知识。在"更快、更高、更强、更团结"格言的鼓励下，奥运会发生的许多感人肺腑的故事、趣闻使高校学生的心灵、品质得以升华。奥林匹克运动关注人的存在与发展、自由与解放，认为竞技体育不仅锻炼健壮的身体，而且培养身心和谐、完整、健康的现代人格。可以说，只有人的个性真正得以丰富与发展，才能为真正意义上的生活方式的确立提供参照。在物质生活日益充裕的当下，权力和金钱的价值观严重地影响着大学生的生活方式，而人文奥运可以说为大学生提供了反思的契机，也促进了其新的生活方式的养成。

3. 促进大学生树立正确的价值观

公平与公正是奥林匹克运动向往光明、主张正义的体现，其实质是人类对体育道德的追求，是对公平、正义等社会理想的向往。奥林匹克运动所崇尚的诚信、公平的精神，与我们当今社会的公平、社会法制的精神具有内在的一致性。奥林匹克运动所追求的"团结、友谊、和平、进步"的精神、"人的和谐发展"和"维护人的尊严"的精神，正是当今社会所提倡的，也是当今大学生所追求的。

4. 增强大学生的身心健康

奥林匹克运动中不断超越的体育精神，除了给大学生带来情感上的体验外，对培养青少年的情感、理想都有较好的促进作用。奥林匹克运动给大学生带来了新的心理感受，即丰富情感世界、扩展心灵空间、强化生命体验。大学生在进行体育运动时，大多数都力求超越自身的生理极限，从而达到产生良好情感体验的目的。奥林匹克运动促进大学生身心健康，增强大学生参与体育锻炼的欲望和要求，使之形成终身体育锻炼的健康观。

5. 培养大学生团结合作的交际习惯

奥林匹克精神的教育，让学生了解奥运之星的故事，让他们在学习和生活中学会与人合作，与人友善交往。随着年龄的增长，大学生与父母相处的时间越来越少，而与同学、朋友相处的时间越来越多。良好的人际交往影响着大学生的未来发展，而奥林匹克精神中强调团结、友谊的原则可以促进他们良好人际关系的形成。奥林匹克运动会之所以能够得到全世界人民的关注，就是因为它选择了"体育"这个通用语言来推广，将"友谊、和平、进步"的思想通过其组织形式、参与方式在世界范围内进行传播，用以实现其教育的根本目的。现代奥林匹克运动会每四年举行一届，届时，世界各国人民欢聚一堂，为表现对其的重视，倡导者和组织者会充分发挥人类的智慧和创造力，对奥林匹克运动会的组织形式和表现形式进行设计，凝聚世界人民的目光。奥林匹克吉祥标志、圣火传递、点燃仪式、比赛场馆、赛会礼仪等均展现了人们对竞技运动的尊重和热情。世界各国都为能够举办一次奥林匹克运动会而骄傲，可见人们对奥林匹克的重视。高校开展奥林匹克文化教育，使得大学生能够继承奥林匹克思想，了解奥林匹克运动中蕴含的精神，为奥林匹克的传播和可持续发展铺平道路。

（五）高校开展奥林匹克文化教育的途径

1. 开设奥林匹克文化课为公共必修课，以学生为主体，以教师为主导

高校体育课作为公共必修课，必然能带动奥林匹克教育的发展。体育公共课是奥林匹克教育最有效、最基本的途径。在新课程改革的理念下，以学生为主体，教师注重教学运动技术的传授。同时，高校教师应加强自身的奥林匹克文化知识的学习，这样才能在体育教学中运用自如，使学生了解奥林匹克博大精深的丰富内容，更好地感受奥林匹克的独特魅力，从而更好地体会奥林匹克的文化价值和教育意义。

2. 开展奥林匹克教育活动，丰富学生的业余文化生活

在高校奥林匹克教育活动中，必须加强体育教师对相关知识的培训与奥林匹克相关专题的研究。这样，学生才能在教师的主导下开展课余奥林匹克教育活动。例如，高校通过开展"模拟奥运会""奥林匹克知识竞答""奥林匹克文化交流沙龙"等多种形式的奥林匹克教育活动，以弘扬奥林匹克精神，传播奥林匹克文化，吸引大学生认真学习奥林匹克知识，促使大学生在业余

时间参与到体育运动中去，促进奥林匹克精神在大学校园中的传播。

3. 营造奥林匹克气氛，推动校园文化建设

大学阶段的教育是大学生踏入社会前最重要的阶段，所以这个阶段的时光在学生心中是具有代表性意义的。高校校园文化的开展，必然会促进大学生身心的发展，因此在校园中实施奥林匹克运动教育活动，对学生会有持久性的影响，如在校园中开展与奥林匹克文化相关的讲座、定期开设奥林匹克学生夏令营，通过在校园中充分营造奥林匹克氛围，推动高校校园文化建设。

现代奥运创始人顾拜旦说过："奥林匹克运动的精髓是教育，教育是奥林匹克运动的出发点和归宿。"北京奥运会全方位地体现和展现了综合国力，促进了国际文化大交流。因此，2008 年北京奥运会对全体中国人，特别是大学生来说，是接受奥林匹克教育的好机会。奥林匹克文化会不同程度地渗透到学校这个文化教育领域，进而会对学校体育教育产生潜在的影响。奥林匹克教育在高校教育中是一个重点教学内容，通过奥林匹克教育重视大学生主体的发展、终身体育意识的培养，使大学生身体、心理和精神得到更大程度的提高。奥林匹克运动正以其特有的、丰厚的文化底蕴推动中国高校体育的发展，同时，也必将为 21 世纪世界文化的交流与传播做出新的贡献。

第二节　高校校园体育文化的理论概括

高校校园体育文化是高校校园文化的重要组成部分，是高校师生接触最为广泛的一种文化。大学生根据个人的爱好，开展以竞技体育、传统保健体育、现代健身体育和娱乐体育为内容的体育文化活动，不仅丰富了课余文化生活，而且营造了高校特有的校园体育文化氛围。加强高校校园体育文化建

设，营造浓厚的校园体育文化氛围，全面提高高校的育人质量，有着深远的意义。

一、高校校园体育文化的定义

高等院校是我国文化积淀、发展和传承的主要社会载体，是知识形成、传播的主要社会场所。高等院校的改革与发展对我国经济、政治、文化的进步与发展有着深远的影响。高校校园体育文化以其特有的文化氛围，在有形与无形中影响着广大师生。从发展的角度来看，良好的校园体育文化氛围能健身、健心，培养人的社会适应能力；从教育学的角度来看，良好的校园体育文化氛围能提高大学生的思想道德品质，培养其良好的体育观念，提高其审美情趣，完善其心理特质；从教养角度来看，良好的校园体育文化氛围能教给大学生体育知识、技能，培养他们的体育参与态度、动机、兴趣和良好的身体锻炼习惯；从社会学角度来看，良好的校园体育文化氛围能提高大学生的社会意识，促进他们的社会化，增强他们的交际能力和社会活动能力。

高校校园体育文化是在高校校园特定环境下产生的一种文化形态，是社会体育文化的一个分支。1974年，由国际体育名词术语委员会主席尼古·阿莱克塞博士牵头，编写出版了用6种文字写成的《体育运动词汇》一书，对"体育文化"做出如下定义："体育文化是广义文化的一个组成部分，它综合利用各种身体锻炼来提高人的生物学和精神潜力的运筹、规律、制度和物质设施。"

高校校园体育文化是校园文化与体育文化有机结合的产物，是高校师生在校园这一特定的环境中，为实现高校培养和造就合格人才的目标而实施、传播的与身心健康直接相关的以身体活动为主要载体的精神文化现象。高校校园体育文化作为高校校园文化的重要组成部分，对高校校园文化具有反作用。高校校园体育文化具有较高的品位和层次，是高校特有的富有校园文化气息和健康生活气息的大众文化，它以师生的体育价值观为核心，以实施健康第一的高校体育目标为主要目的，是以大学生群体为主体的体育行为方式、思维形式和活动方式，主要有校园体育课程、体育课外活动、体育艺术活动、校园体育竞赛活动、体育欣赏活动等具体表现方式和活动形式。一般来说，高校校园体育文化的内涵由三个部分组成，即高校体育精神文化层、高校体育制度文化层、高校体育物质文化层。精神文化层面处于主导地位，反映出高校体育文化行为准则、价值观念和意识等主要内容，体育健康价值观是其核心，持续渗透时间长，对学生影响久远，是一所高校向心力与凝聚力的象征；制度文化层面是联系两者的纽带，为物质层面更好地利用开发、精神层面更好地挖掘提供制度保障；物质文化层面是基础，是客观物质保障，它体现出高校体育文化的底蕴，对大学生身心健康发展起到"润物细无声"的滋润作用。高校校园体育文化的三个层面相互联系、相互促进、共同发展，缺一不可。

二、高校体育文化的现状及意义

随着人类的进步和发展，培养具有竞争、开拓意识和全面发展的复合型人才已成为高等学校教育发展的方向。体育作为高等教育的重要组成部分，更是素质教育的重要内容和手段。推进素质教育、发展学生的综合素质必须优先发展体育文化素养。

（一）培养大学生体育文化素养的途径

1.借助课堂教学平台，刺激隐性因素发挥作用

如果大学生没有良好的体育个性，就会在一定程度上阻碍大学生对体育

知识和技能的追求。因而刺激隐性因素发挥作用，培养大学生的体育兴趣是关键。俗话说"兴趣是最好的老师"，大学生一旦有了体育锻炼的兴趣，体育意识就会养成，同样也不用再担心学生体育个性的形成和体育道德品质的问题。因而教师在课堂教学中，应该打破长期以来存在的以传授运动技术为单一模式的教学体系，建立以适当的运动技能传授为手段，以努力激发学生体育锻炼兴趣为动力，以培养大学生终身体育锻炼意识为最终目的的教学新体系。

2. 营造良好的校园体育文化氛围，使学生潜移默化地接受体育知识与技能

大学生接受体育知识和技能，一方面来源于体育教师的课堂教学，另一方面来源于自身对体育知识和技能的关注。因而学校应该开展丰富多彩的课外体育活动，营造良好的校园体育文化氛围，让学生在潜移默化中接受基本的体育知识和技能。比如，高校可以开展课外体育俱乐部、体育运动协会、体育专题知识讲座等各种活动，让全体学生有机会选择自己喜欢的项目，体验运动带来的快乐，在良好的体育文化环境中不知不觉地受到感染，从而学到体育知识和培养体育兴趣。体育文化素养是人的基本素质的重要组成部分。在当前大力提倡素质教育的社会转型时期，培养大学生的体育文化素养不仅是高校体育教学的目标之一，同时也是高校体育改革所面临的社会责任。学生体育兴趣的激发和培养在一定程度上满足了终身体育的行为需求。在此基础上，教师一定要转变教学观念，多渠道地丰富学生的体育文化知识，同时借助社会体育的力量，让学生意识到提高体育文化素养不仅是个人素质的重要方面，更是大学生步入社会必备的精神品质之一。只有如此，大学生体育文化素养的提高才有希望。

（二）高校践行体育文化的意义

高校校园体育文化是与高校师生密切相关的一种文化，是校园文化中一种特殊的文化现象，是高校校园文化的重要组成部分，其意义主要体现在以下三个方面。

1.丰富高校教师的体育文化生活

高校教师在教学中占有非常重要的地位，在教学中起着主导作用。教师的身心健康对于整个高校实际教学有着非常重要的影响。体育对促进身心健康有着极其重要而特殊的作用。本书通过针对高校教师的调查，总结出高校教师体育文化的现状，找出存在的问题，并有针对性地给予高校教师合理的建议，这对于促进高校教师身心健康的发展具有重要的意义。

2.高校体育文化对大学生心理健康的积极影响

高校体育文化对大学生心理健康的积极影响主要有两条途径：第一，通过身心健康的交互作用实现；第二，高校体育文化通过精神层面上的熏陶潜移默化地实现对大学生心理的积极影响。大学生通过在体育锻炼和竞赛中领悟体育精神，从而增强自我心理调节能力，培养良好的心理品质，不断完善自我。

（1）高校体育文化有助于缓解大学生的人际关系敏感问题。高校体育教学、课余体育活动、体育竞赛、体育协会组织、对外体育交流是高校体育文化的重要组织形式。大学生在参与这些体育活动和体育组织的过程中，既要充分发挥自身特点，又要融入集体中相互协作，共同完成既定的目标和任务。在这一过程中，他们不得不学习如何处理与他人之间的关系，使各项活动顺利开展。在比赛当中，他们必须不断地交流沟通，局势有利或者同伴表现出色时，他们会用各种方式表示鼓励和认可；在出现失误、局势不利的关键时刻，能克制自己的不良情绪，做到相互理解和相互支持。这样，在参与运动的过程中，大学生逐步形成了自信、自强、宽容、大度、尊重他人、不畏困难、敢于拼搏、遵守规则等心理品质和行为习惯。

（2）高校体育文化有助于大学生准确评价自我，增强自我接纳和自我认同感。心理健康的大学生应该能对自己的能力、性格做出客观评价，了解自身的长处和短处，明确自身存在的价值，能扬长避短、持续、健康地发展自己的内在潜力，能主观上对自己的身体、思想和情感整体做出正确的评价。体育锻炼对于改善人的身体表象和身体自尊至关重要。身体表象障碍在大学生中是普遍存在的。特别是女生，倾向于高估她们的身高和低估她们的体重，而且，身体肥胖的个体更可能有身体表象和身体自尊方面的障碍。身体自尊主要包括一个人对自己运动能力的评价、对自己身体外貌（吸引力）的评价以及对自己身体的抵抗力和健康状况的评价。身体表象和身体自尊与整体自我概念有关。无论男生还是女生，对身体表象的不满意都会使个体自尊变低（自尊指自我概念的积极程度），并产生不安全感和抑郁症状。有研究表明，肌肉力量与身体自尊、情绪稳定性、外向性格和自信心呈正相关，加强力量训练会使个体的自我概念显著增强。心理学的研究显示，人格的形成及其发展与人的活动密不可分。在体育锻炼的过程中，大学生是活动的主体，有利于思维活动和机体活动的紧密结合，从而促进人格的完善和发展。同时，学生既可以施展自己的才华，又能达到实现自我的心理满足，进而改变整个心理状态。

（3）高校体育文化有助于大学生良好意志、品质和个性心理的形成。意志、品质是指一个人的自觉性、果断性、坚韧性、自制力，以及勇敢、顽强和独立自主的精神，是一个人行为特点的稳定因素的总和。体育锻炼不但要克服气候条件的变化、动作的难度或外部障碍等困难，还要克服如胆怯、疲劳及运动损伤等主观因素造成的困难；同时，还要遵守竞赛规则，制约和调控自己的个人行为，以利于在竞赛中充分发挥自己的潜能；另外，通过体育文化活动表达团结、友谊、和平、进步等人类先进的思想和愿望，在合理、规范的竞争中锻炼自己的品行，并在成功与失败、荣誉与耻辱、竞争与退让、个人与集体之间做出选择，在选择中表达自己的人生观、世界观和价值观。总之，体育文化崇尚"更快、更高、更强、更团结"的奥林匹克精神，以"公开、公平、公正"为基本原则，通过高校体育文化培养和塑造大学生良好的个性心理具有显著的效果。

（4）高校体育文化有助于缓解大学生抑郁、焦虑、敌对、胆怯、强迫等心理症状。情绪状态的调控能力是衡量高校体育文化对心理健康影响的最主要指标。心理健康的大学生能够适度地表达和控制自己的情绪。高校体育文化对大学生心理的积极影响主要是以体育锻炼为表现形式和手段的。体育锻炼可以有效转移个体不愉快的意识、情绪和行为，使人从烦恼和痛苦中解脱出来。体育锻炼之所以能够调节情绪，是因为参与者能体验到运动带来的愉快感觉。心理学家认为，适度负荷的体育锻炼能够促进人体释放一种多肽物质——内啡肽，它能使大脑皮层的兴奋和抑制得到调节，使神经系统的兴奋、抑制的交替转换过程得到加强，从而使人产生良好的情绪状态。因此参加体育锻炼，尤其是参加那些自己喜爱和擅长的体育锻炼，可以使人从中得到乐趣，振奋精神。国内的研究资料表明，以有氧代谢为标准的中距离和长距离慢速跑、变速跑能够松弛紧张的情绪；集体项目，如球类活动，可以通过培养良好的协作精神和团队意识来抑制焦虑；健美操、有氧韵律操等对焦虑有明显的缓解作用。另外，麦克曼等人的研究表明，经常参加身体锻炼者的焦虑、抑郁、紧张和心理紊乱等消极的心理变量水平明显低于不参加身体锻炼者，而愉快等积极的心理变量水平则明显要高一些。

3. 促进高校校园文化的建设及发展

高校校园文化是以学生和教师为主体，以各种文化体育活动为主要内容，以校园为主要空间，以校园精神为主要特征的一种群体文化。它主要包括：以青年学生为代表的文化观念以及学生特有的思维特征、行为特征和方式；师生课余生活中一切以群体形式出现的文化体育活动，如诗社、棋牌俱乐部、文学社、武术、球类等社团活动，其中最能体现校园文化本质内容的是校园风气或校园精神。校园文化建设是学校育人工作的重要一环，它能促进整个学校的教育思想、教育管理、教育方法的变革，能够引导学生坚定正确的政治方向、提高思想道德素质、开发智力、增进身心健康、丰富文化生活，帮助他们树立和形成良好的审美观以及和谐的人际关系，促使学生产生积极的情感和创造的意识，促进学生全面成才。

第三节　高校体育文化的结构与内容

近年来，高校校园文化研究与建设热潮日益高涨。这是高校进入自主发展、自我发展的新阶段后，在市场经济、全球化、信息化、环境化与可持续发展的背景下，从文化发展上对学校进行自主特色定位的体现。但是，由于文化概念的广泛性，对校园体育文化存在众多不同的理解。因为现实的校园体育文化是开放的、立体的、丰富多彩的，所以我们必须按照校园体育文化结构要素间的内在逻辑关系，从不同的视角加以考察，并立体地把握校园体育文化，这才是认识校园体育文化层次结构的基本原则。

一、校园体育文化主体形态的层次结构

人是校园体育文化的主体，同时也是其主要载体，是活力最强的校园体育文化的构成要素。校园体育文化的构建应首先着眼于人，它的核心问题是人力资源的开发、管理和利用。它既包括校园成员的体育文化水平、体育道德、体育观念、体育态度、语言艺术，体育教师的业务能力、科学化训练水平，学生的运动水平、运动成绩、健身水平、服饰内容和体育运动中的人际关系等素质的教育与培训，体育作风的培养，主体体育精神的树立与发挥，从整体上提高校园成员的素养与水平，也包括学校体育精神的宣传、灌输和渗透，更包括充分发挥以名师、名生为代表的群体在校园体育文化建设中的主体作用、榜样作用和示范作用，充分给予他们在教学、科研、训练、健身过程中展示个人魅力的机会和空间。校园体育文化的形成、发展和特色的定型，根本上是主体的结果，是高校全体师生、员工共同的主观追求、设计与创新。但是学校内不同群体的身份、角色不同，因此从主体方面来考察，校园体育文化客观上存在干部体育文化、教师体育文化、学生体育文化三个有区别的层次。学生体育文化是校园体育文化最表面、最活跃的层次；教师体育文化处在稳定的中间层，是校园体育文化的主导方面；干部体育文化以学校决策管理层为代表，是校园体育文化整体自觉发展、主动创新的重要动力。

（一）干部体育文化

干部体育文化的主体主要是学校的决策层、高校二级管理单位的领导集体以及系部的领导集体。他们的办学理念和教育思想是否先进，以及能否目光敏锐地站在时代潮流的前沿，通常是加速或延缓学校发展的决定因素，对校园体育文化的形成与传播有着巨大的影响。正如有学者指出的，一位好领导等于一所好学校。学校领导集体对校园体育文化有预见的倡导和长期培育是形成特色鲜明的校园体育文化的重要源泉。他们对各种社会文化思潮的态度，会极大地左右学校跨文化交流的方式与内容，影响校园体育文化继承民族传统体育、吸收世界体育文明及创新的进程。学校领导集体尤其担负着学校政治文化、道德文化与健康文化建设的重要责任，在代表先进体育文化的发展方向、管理宽度上应做出更多的努力。

（二）教师体育文化

教师体育文化的主体是高校的教师、科研人员、职工以及离退休人员。他们是一所高校社会地位和声誉的决定因素，也是教学、科研、训练、健身和社会服务的主角，更是体育文化的主导力量。一方面，教师的体育思想道德、体育文化修养、学术抱负及生活态度、一言一行无不对大学生产生着深远的影响；另一方面，教师在教学、科研、训练、健身和社会服务中的活动，也影响着学校领导层的决策，因而在校园体育文化活动中应充分发挥教师的文化主体作用。目前，教师在校园体育文化建设中的主导作用还没有被普遍自觉地重视，教职工和其他职工的体育文化潜力更未被重视，但他们却是积极进行健身活动的主力军。

（三）学生体育文化

学生体育文化的主体是学校各办学层次的所有学生。学生在学校的主要任务是在教师、科研人员、管理人员和退休人员的指导和影响下，通过学习获取知识、运动技能与健身方法，提高素养。在教师的指导和影响下进行体育活动，是学生体育文化的一个重要特点。学生体育文化是最丰富多彩和形式多样的，它表现在教学、科研、社团、文艺、俱乐部、课外活动、娱乐活动、野外活动、健身活动、社会实践活动、体育文化节、体育周、体育比赛、运动队训练、讲座、竞赛、讨论、宣传、演讲、网络、多媒体等学校的一切方面。正因为学生体育文化的表现人多面广，所以很多人就把校园体育文化局限在学生体育文化层次。由于大学生思想观念中固有的东西少，较少有条条框框的束缚，容易接受新东西、新思维、新事物、新观念，同时他们也往往是各种文化传播的重点对象，所以学生体育文化经常是高校跨文化交流最前沿和最活跃的部分，并成为校园体育文化中文化冲突的焦点。

二、校园体育文化质态层次结构

（一）校园体育精神文化

从生命哲学的视野看，只有精神活动才是人的生命活动的最高形式，因而也只有精神文化才能真正表现出文化的生命特征。学校文化本质上是学生进行生命交流的过程，而不是孤立存在的运动过程。校园体育精神文化是在校园中由师生长期创造的一种特定的精神财富和文化氛围。它主要以体育思想观念体系和价值体系表现出来。精神文化包括身体观、健康观、运动观、体育观、审美观、道德观、人际关系、体育意识、体育思想观念、价值取向、实践能力等，从深层影响着全体师生、员工的思想、理想、信仰、意志、态度、情感及行为，具有深刻的哲理内涵和浓浓的人情味。我们要创设那种潜伏、弥漫、浸染于整个校园并体现学校深层目的的精神氛围，使全体师生、员工养成具有持久效应的思维、态度、情感及行为习惯。校园体育精神文化是赋予学校以生命、活力并反映学校体育历史传统、办学特色、体育精神风貌的一种学校体育精神形态。每一所学校都有自己的校园体育文化，但并不一定每一所学校都能形成或凝聚起自己独具特色的学校体育精神。学校体育精神是校园体育文化的核心和灵魂。这强大的影响力、感染力渗透在学校体育的方方面面，成为凝聚全体师生、员工共同奋斗的精神动力。

（二）校园体育艺术文化

1. 体育艺术文化的内涵

体育艺术文化既不同于体育物质文化，也不同于体育精神文化，它处于二者中间。在历史文化发展的长河中，体育与艺术在各自的发展中相互间不断地靠近、接近与融合，出现了一个体育与艺术相互渗透的广阔领域。苏联学者莫·卡冈说："在最远的古时代，体育运动对艺术文化的影响仅限于舞蹈的范围内，再晚些时候，体育运动—艺术的混合性成了杂技艺术的基础。现在体育运动和艺术文化的影响愈益广泛和多样。这也是可以理解的——因为在今天，体育运动取得了这样的群众性，这样牢牢地进入了每个人的日常生活——作为早操、生产操、中学和高等学校里的体育课，群众体育团体的工作的形式，最后还以在露天或卫视转播节目中观看的表演形式进入每个人的日常生活。当然，体育技术同物质生产技术一起要求当代艺术掌握它的资源，以使艺术语言尽可能与当代人的世界观相符，由此产生了这种新的——而且在短时间内成为如此普及的——艺术品种，如艺术体操、花样滑冰、冰上芭蕾、花样游泳、群众体育检阅节。"因此有学者曾预言，未来体育的发展将走向艺术体育。苏珊·朗格曾指出，当今艺术的边界已变得越来越模糊，连体育也有重返艺术的迹象。已退休的奥委会主席萨马兰奇曾经说过："我们把体育与艺术看作一回事，艺术和体育就是我们奥林匹克的定义。"今天人们观赏不同形式的体育比赛，一方面，运动者的优美动作可作为"流动的艺术品"供人视觉观赏，另一方面，他们的动作中表现出来的拼搏进取、公平竞争、即兴创新等又作为"物质中的思维"和爱国主义与个性的张扬联系起来。他们这种具有双重意义的表演难以用其他符号来表达，因此它应该隶属于体育艺术文化体系。

2.体育艺术文化的主要内容

校园体育艺术文化内容主要包括：体育绘画、体育雕塑、体育建筑艺术、体育表演艺术、体育欣赏。

体育表演艺术。体育表演有两种含义：一是在校园体育活动中通过体育动作表现自己的美，提高对美的表现把握能力，它是美育的重要内容；二是观看别人表演，提高自己欣赏美的水平。

体育欣赏。观赏体育比赛是陶冶学生情操、培养学生热爱体育活动的重要方式。这些比赛所表现出来的高超运动技巧和拼搏精神特别适合发泄观众的感情，这是任何表演都难以达到的。学生在从事体育活动时，有时会产生一种"尽善尽美"的追求，这和艺术的追求是很相似的，从体育中产生的"身心一致""天人合一""返璞归真""融于自然"等体验具有其他体验难以比拟的特点。

现代生活中体育与艺术或艺术与体育的广泛融合现象，是体育游离实用中心向着艺术逐渐推移，艺术游离审美中心向着生活实践领域（包括体育运动）逐渐推移，双向互动、动态生成的结果，是文化发展史内部方向相对、作用不同的两种历史性律动形式相辅相成的结果。

（三）校园体育制度文化

校园体育制度文化主要指以文字形态表达的学校体育的规章制度及固定的体制所体现的文化，如学校制定的体育章程、条例、规定、办法、公约、实施细则等制度，以及办学目标、校训、教风、学风等。它们保证学校秩序的正常运行，规范着学校成员的行为、态度和作风，倡导与校园体育精神文化的价值观、健康观、审美观一致的学校体育风气，是体育精神文化在学校各个方面管理上的体现。先进的校园体育文化精神如果不能通过一定的制度及相应的机制表达出来，就难以转化成客观的体育文化存在，形成不了新的体育文化风尚，就起不到推动校园体育文化进步的作用。当新的校园体育精神文化转化到制度上时，既标志着先进的校园体育精神文化的有效传播，又标志着校园体育文化创新的落实。一所高校包括体育制度创新在内的体育教育创新，本质上是体育文化创新。在当前的高校体育改革中，制度创新是推动高校体育发展、建设高校校园体育文化的途径。同时，体育制度创新是体育创新的重要内容，没有不断的体育制度创新就不会有体育体制改革的真正深化。

（四）校园体育物质文化

校园体育物质文化以实物形态表现出来，主要指学校的体育建筑、生活设施、校园教学环境、自然生态环境等。人生活在一定的自然环境中，总是力图对自己周围的环境客体做全面认识和综合解释，这就是环境知觉。在环境知觉的指导下，人在空间中进行各种各样的身体活动，空间慢慢地与各种各样的身体活动发生联系，产生了意义。人出于对自然、社会和自身的理解，对分化的空间做出自觉的安排和使用，就是空间设计。空间设计的直接结果，就是形成各种各样的体育物质文化。它们既是校园体育文化活动的物质保障，又在一定程度上制约校园体育文化的规模甚至质量。体育物质文化处于精神文化、制度文化的外层，一方面是因为在校园的整体布局、校园建筑结构风格、校园自然生态环境等物质建设上，积淀着师生的审美价值；另一方面，是否自觉接受先进体育精神文化的指导，校园体育物质形态上所承载的体育文化含义是有很大不同的。在校园的体育物质设施建设上，通常凝聚了一定时代学校全体师生的体育文化思考，是最直观的区别高校有无体育文化内涵的特征之一。优秀的校园体育物质文化是丰富和升华校园体育文化生活，表现一所学校的独特气质、风格以及良好社会形象所不可缺少的内容；反之，不重视校园体育物质文化，不仅影响体育教学、科研、训练、健身活动的开展，而且不利于学生素质的全面发展和终身体育的养成。因此，著名学府都非常重视学校体育建筑风格、整体布局和校园生态环境的建设。

校园体育物质文化是一种特殊的物质文化形态，其独特之处就在于校园是专门的育人场所，而育人的意向性要求使其本身包含丰富的教育意义与教育价值。校园体育物质文化积淀着历史、传统、体育文化和社会价值，蕴含着巨大的潜在体育教育意义。学生不仅通过体育物质文化掌握一定群体的环境知觉，而且同时从体育物质文化中领会特定体育文化的空间设计，其态度、情感、健康观和价值观受到潜移默化的影响。

（五）校园体育行为文化

校园体育行为文化包括校园内人们的日常言行和开展的教学性、学术性、各种健身活动、各种娱乐性活动、体育消费、体育时间和空间利用等。校园体育行为文化主要通过师生的身体活动形态表现出来，是学校日常生活中人们最经常表达的情感、态度，最直接感受的活的体育文化形态。它与上述四个层次的校园体育文化有很大不同。相对于体育行为文化来说，上述四个层次的校园体育文化便有了资源性或环境性的作用，从内部支撑着校园体育行为文化，并形成高校跨文化交流的活跃"界面"。由于校园体育行为文化处于校园体育文化的外层，因此它比内层文化更具开放性，更加多元化与生活化。校园体育行为文化，一方面要受支撑它的内层文化的影响和支配，另一方面要接受体育艺术文化和社会大众文化的影响，对内层文化有反作用，它总是在承受现在的内层文化的基础上又对内层体育文化有所改变。校园体育文化正是内外层文化这种承受与改变的交互活动过程的产物，不断在各层次间内在的矛盾运动中获得发展动力。

三、校园体育文化中职能形态的层次结构

在校园体育文化中，文化信息的传递由于学校不同部门的分工而有了职能的特征，从而使文化渗透影响的方式出现差异。按照职能特征，校园体育文化可分为体育决策管理文化，体育教学、学术、训练、健身文化，以及体育生活娱乐文化三个层次。

（一）体育决策管理文化

体育决策管理文化是指学校体育决策与管理的理念，以及相应的制度、方式、结构、原则与行为等。不同理念、结构、制度、方式、原则与行为下形成的决策与管理，反映出来的体育价值观念与体育文化意义是完全不同的，对校园体育文化的形成、发展的结果也是完全不一样的。透过学校的决策与管理，人们可以清晰地感受到一所学校体育文化的品位。因此从职能上来说，决策管理文化不仅是一个独立的校园体育文化层次，而且居于校园体育文化的中心枢纽地位。

（二）体育教学、学术、训练、健身文化

体育教学、学术、训练、健身文化是在教学、科研、训练与健身行为、结果和制度上积淀起来的文化。体育教学、学术、训练与健身文化是校园体育文化的主要内容，也是高校体育文化区别于其他文化的重要特征。体育教学、学术、训练与健身文化是校园体育文化的关键层次和建设主题。良好的体育教学、学术、训练与健身文化对于高校提高办学层次、办学水平与保证办学质量都是必要的条件。当体育教师视自己的学术生命为第一要务时，学术抱负就转化为强大的体育精神动力，求真敬业的良好教风、训练作风与健康第一理念的形成自然水到渠成。当创新教育蔚然成风时，杰出人才的出现就只是一个时间问题。良好的学术文化同样是大学生学习与创新，提高素质，建设良好学风、考风与健身风的强大精神动力。不同高校或同一学校的不同学院、课程、体育教学、学术、训练与健身文化都有自己显著的特色，且科技文化与人文文化各有侧重。但是体育教学、学术、训练与健身文化是共同具有的。体育文化与科技文化、人文文化构成了校园文化整体。

（三）体育生活娱乐文化

体育生活娱乐文化是除了工作、学习之外，在全体师生、员工的生活方式与闲暇娱乐活动中表现出来的体育文化现象。按赫勒的理解，所谓日常生活，是"指同时使社会再生产成为可能的个体再生产要素的集合"。日常生活从生命价值的确证和维护、以主体间的交往行动摒弃对人的工具性规定、参与并担保文化的延续、使个体不断融入这个世界并获得对世界的认同感等方面展示了其积极的意义。体育文化以其强大的渗透力作用于人的生活价值观。体育是生活的符号，身体运动积淀着文化。1978 年联合国教科文组织

颁布的《体育运动国际宪章》中指出，体育是提高生活质量的手段。它处在学校主流文化的外层，与体育决策管理文化，体育教学、学术、训练与健身文化既有相关性，相互间的作用又是十分紧密的。这是学校中最广泛存在的一种体育文化形式，表现在各种有组织或自发的活动之中，有很大的随意性、松散性。校园体育生活娱乐文化、大众文化与艺术文化的相关内容有重合与交叉之处，但又有着自身的特点。

四、高校体育文化特征与构成要素

高校校园体育文化是以一定的社会政治、经济、教育、文化、体育等条件为基础，以高校师生、员工为主体，由高校的体育环境和学生的需求相融会形成的。高校校园体育文化是具有高校校园特色和健康生活气氛的一种大众文化，具有较高的层次和品位，它集健身、消遣、娱乐、传播文化等功能于一身，是大学生文化生活中的一项重要内容，具有如下几个主要特征。

（一）健身性

高校体育是通过人体运动的方式进行的，因此，健身性是高校校园体育文化的最本质特点之一。在高校体育活动中，无论是体育课还是课外活动，无论是传播运动技术还是讲授健身知识，都是为了增强体质、增进心理健康。因此，高校校园体育文化有很强的健身性。体育文化活动可以使参与者获得身体机理的健康，更重要的是让参与者培养自主、独立、积极向上、勇于挑战、集体协作精神和勇敢顽强的意志品质，以及公正的态度、开朗活泼的性格，进而使个性健康而全面地发展，并具有更加积极的个人性格与心理素质，成为一个真正的全方位的自我和谐的人。

（二）竞争性

竞争性是体育的灵魂，没有竞争就没有超越，就没有创新和发展。体育的竞争是指在运动场上两个以上的个人或集体在统一规则下，争夺统一目标的活动，先得者为胜，不得者为败。它不仅比身体、比技术、比经验，而且比思想、比意志、比作风和拼搏精神，是一种全面的抗衡和竞争，对参加者的各个方面都是种严峻的考验。从某种意义上说，竞技体育是人类竞争的典范。适者生存是在自然界和人类社会已被广泛证明的真理，要适应未来社会的需要，就必须学会竞争，并在竞争中取胜。高校体育文化活动让师生在竞赛中较量体力、智力、心理，在公正、准确、平等的基础上展开拼搏，体会到竞争的剧烈性和残酷性，增强竞争意识，在激烈的竞争中学会运用技术和技巧，充分发挥自己的聪明才智，战胜对手、战胜自我和超越自我。

（三）互动性

校园体育文化是典型的开放系统，它与外界的信息交流十分频繁，不仅具有青年文化的特点，同时又时刻反映着社会文化的变迁，并不断地吸收和表现社会时尚的体育文化特征，反映社会体育知识、体育科技、体育经济等方面的最新变化。高校校园体育文化环境是由学校与学校、系与系、学校与社会等一个个体育文化圈组成的。没有这些体育文化圈，就没有高校校园体育文化。作为高等院校的教师和学生，尽管他们有一定的独立性，但是人与人之间需要沟通和交流，院系与专业之间也需要互相协调和合作。

（四）教育性

现代教育强调终身教育。终身体育作为一种新思想，受终身教育思想的影响，是随着社会经济的发展、体育功能的完善，以及人们生活观念、行为的变化而产生的。当代社会，人们对体育的需求日益高涨；科学锻炼，终身受益，已形成一股社会体育的新潮流。因此，高校校园体育文化应以终身体育为主线，以大学生终身受益为出发点，立足现在，着眼未来，将大学生的个体行为纳入终身体育行为，丰富高校体育培养目标的内涵，在培养学生个体行为的基础上发展体育特长，使学生掌握体育锻炼的知识、技能，培养和提高学生的体育能力，使其养成经常参加体育锻炼的习惯，以利于促进全民健身活动的普及与提高。另外，各类校园体育文化活动的示范和教育，能让参与者学会各种卫生保健知识，培养和提高其在运动时的自我保护的能力。

（五）娱乐性

现代奥林匹克运动会创始人顾拜旦在他的《体育颂》中这样写道："体育，你就是乐趣，想起你，内心充满欢喜，血液循环加剧，思路更加开阔，条理更加清晰，你使忧伤的人散心解闷，你可使快乐的人生活更加甜蜜。"这段话道出了体育娱乐性的真谛。现代体育由于其技术的高难性、造型的艺术性、配合的默契性和技术动作的直观性，很容易被广大人民群众接受，使它成为现代人闲暇生活的重要组成部分，能起到丰富社会文化生活、满足人们精神生活的作用。同时，现代体育运动使健、力、美高度统一起来，和谐的旋律、明快的节奏、默契的配合，表现出抒情诗般的艺术造型，使人们在欣赏体育比赛时，如欣赏优美的舞蹈、线条明快的雕塑等其他艺术形式一样产生美的享受。另外，人们通过参加体育活动，在完成各种复杂练习，与对手斗志拼搏，征服自然和人类自身设置的障碍后，产生一种美妙的快感，使人产生自尊心、自信心和自豪感。

第二章　高校体育文化建设

　　高校体育文化作为校园文化的一部分，是一种有深刻内涵和丰富外延的社会文化现象，是大学生在进行校园体育实践中形成的物质和精神财富。校园体育文化是高校体育工作的重要组成部分，在素质教育中有着不可忽视的作用，因此应重视和加强校园体育文化建设。

第一节　高校体育精神文化建设

　　体育精神是一种内在的精神力量，它存在于校园体育活动的方方面面。在信息社会，信息技术的应用使得信息传递速度加快，也为体育精神的传递增添了新的活力。

一、对高校体育精神的认识

　　体育精神是一种文化意识形态，是通过体育运动形成并集中体现出人类的力量、智慧与进取心等积极意识的总和，是体育运动的最高级产物。它从文化角度反映了人类自身的崇高。体育精神能够产生较强的鼓舞力、感染力和征服力，从而成为体育本身所特有的最积极的教育因素，进而指导和影响人类的生活方式和体育实践。体育精神的展现，是运动技能、技巧和多种优秀心理品质作用于运动的身体之后的升华。

（一）高校体育精神的含义

校园体育文化是指体育文化在校园这个特定时空环境中的存在形态和发展方式。高校体育精神则是指一定历史阶段，在校园体育文化建设中积淀、整合和提炼出来的，反映高校体育文化的行为准则、价值观念和意识的总和，是校园人的体育精神、生活方式和意识形态的反映。一般来说，高校体育精神具有以下含义。

1. 科学精神

高校体育的科学精神，体现在高校体育教学与训练、活动与比赛中按规律和制度办事，不能盲从；要认真地分析和研究，对那些符合先进文化本质和发展规律的校园体育活动，要积极总结、归纳，集中推广，力求以此构筑校园体育文化的主旋律。

2. 求善、求美精神

求善主要体现在世界观、人生观、体育道德观等方面的价值判断上。高校培育出的人才，应该具有一定的历史使命感、正义感和正直的品质；一种爱校、建校之心；一种团结互助、为人民服务的思想意识。求美主要体现在审美实践上，要求师生培养正确、高雅的审美意识，引导人们按照美的规律来规范校园生活的全部（包括体育环境美、体育行为美、体育思想美等），使得整个校园洋溢着体育美的气息。

3. 争先创优和团结拼搏的精神

争先创优精神主要体现高校师生在体育训练中不怕困难和挫折，具有坚强的毅力；在体育比赛中团结拼搏、勇于竞争、善于竞争，并力求争先创优。团结拼搏、争先创优精神的发扬，既可以使校园充满生机和活力，又可以使师生、员工形成一定的个性，形成一种催人向上的心理机制。

4.创新精神

高校体育文化是总结、继承和传播人类优秀体育文化的成果，是在继承基础上的创新。在高度的知识密集和智慧卓越的高校校园，师生企望创造新的体育文化，以符合时代发展的需要。创新精神是校园体育文化的一种综合体现。

5.健康第一的观念

强健的体魄是服务社会、奉献国家、实现理想的基础条件，是实现人的全面发展的重要方面。学校的主要任务是培养社会主义现代化事业的接班人，因此必须树立健康第一的观念。

（二）高校体育精神的特性

1.鲜明的时代性

高校体育精神是高校所处一定历史时期的时代精神和时代风貌的具体体现。因此，一所高校的体育精神，必将随着人类社会的重大变迁和高校的发展而发展变化。高校体育精神应该与时代精神相一致。

2.稳定性

高校体育精神一旦形成，便具有一定的相对稳定性。这种相对的稳定性使人们的体育思想、体育意识和体育行为得到一定程度的维系、巩固和规范。校园体育精神的相对稳定性，也标志着对民族传统体育文化和学校传统体育的继承和发扬，体现了优秀传统体育和时代精神的交融。

3.个性特征

高校体育精神所具有的个性特征，是一所高校的体育精神区别于另一所高校体育精神的根本所在。高校之间在历史传统、性质、具体工作的指导思想、学校所在地区的体育文化环境等方面存在差异，这会使不同学校的师生在体育传统观念、体育行为方式等方面有所不同，从而产生一所学校特有的校园体育精神。

4. 渗透性

所谓高校体育精神的渗透性，是指高校体育精神能够发生辐射，渗透到学校教学、科研、管理等各项工作之中，渗透到师生、员工的一切活动之中，渗透到人们思想政治、价值观念形成的过程中，从而影响和引导高校师生、员工和高校体育文化的发展。它还可能渗透到校外的社会生活中，从而实现高校体育文化对社会和社会文化的辐射。

（三）高校体育精神的价值取向

1. 先进性

高校体育是高校校园文化的重要内容，从价值观上看，其主要反映在校园体育精神上，它是校园体育的灵魂。与此相适应，校园体育精神的价值取向是否具有先进性，就看它是否面向现代化、面向世界、面向未来，是否是民族的、科学的、大众的。相反，那些带有迷信、愚昧、低俗、颓废、庸俗等色彩的校园体育的行为准则、价值观念和意识形态，则是落后的，会危害、影响校园体育开展和校风、学风建设的价值选择和评价。

2. 科学性

科学是相对一般概念而言的。高校体育精神价值取向的科学性，是指它的选择和评价不偏颇、不唯上、不迷信权威、不盲从、不执迷。高校体育作为校园文化的重要内容，要彰显体育的魅力和凝聚力，但决不能为此疯狂或执迷，而要理性地、认真地分析和研究那些符合先进文化本质和发展规律的校园体育活动，要积极总结、归纳，集中推广，力求以此构筑校园文化的主旋律。

3. 增进健康

增进健康是体育永恒的主题。在我国，人们对校园体育理解的差异，造成校园体育的功能和价值取向的异变。学校体育的唯技术、唯规范思想，削弱了体育增进健康的功能和作用，也扭曲了校园体育精神价值取向的选择和评价。然而，随着素质教育的实施和对校园体育功能的不断开发，校园体育所提供的多姿多彩的身体活动和娱乐方式，已使校园体育活动成为校园人增进健康至关重要的手段和方式。因此，"以人为本"、增进健康是 21 世纪校园体育精神的核心价值取向。

4. 促进个性完善

一般来说，个性结构包括个性的倾向性、能力系统和自我调节系统等基本要素。这个结构的完备与否，将直接关系到个体身心能否全面发展和是否具备社会适应能力。高校体育活动是群体性和独立性相互交织的文化活动。参加体育活动的人，无论在个人竞技还是在群体比赛中，体力的改善、技能的获得、同伴的赞许和肯定，都会使参与者产生积极的情绪和由衷的满足感；长处和弱点的暴露，也同样会使参与者自我意识增强，从而也激励自我不断地战胜困难、挑战极限，并在校园体育活动中进行调整。这个过程是促进个性完善和发展的过程，也是校园体育精神的宗旨。因而，校园体育精神价值取向就在于促进个性完善。只有满足了个性完善，使之得到全面发展，才谈得上健康，才谈得上适应和创造，才是素质教育的具体体现。

二、体育精神对体育文化的发展所起的作用

体育精神进入体育教学，将促进体育课程改革，一改以往单调而枯燥的传统体育教学模式，采用轻松活泼、形式多样的体育教学方式方法，增强学

生的体育意识，促进广大青少年学生的健康、全面发展。因此，体育教学必须"以人为本"，树立体育精神的观念，让学生深刻认识参与体育运动的最高价值理念，使学生能够真正科学、有效地投入体育运动中去，使他们今后的学习、工作、生活终身受益。

（一）体育精神对体育教学的作用

1.体育精神是爱国主义最具活力的载体和最鲜明的表现

体育作为一种文化，与爱国主义有着天然的联系。每位运动员都有自己的理想、信念和动力，都有自己为之奋斗的座右铭，但有一条是中国几代优秀运动员共同拥有的最宝贵的精神财富，那就是为国争光、为民族争气！20世纪30年代刘长春"单刀赴会"；20世纪50年代容国团、侯加昌、王文教等一大批有着强烈民族责任感的运动员，为振兴与发展中华人民共和国体育事业做出贡献；20世纪60年代中国运动员登上世界最高峰——珠穆朗玛峰；20世纪80年代洛杉矶奥运会中国体育健儿实现金牌零的突破；20世纪90年代中国申奥震惊了世界；容国团的"人生能有几回搏"；蔡振华放弃国外丰厚待遇和安逸的生活，毅然回国，在中国乒乓球运动最需要他的关键时刻挑起重振国球的重担，并连创辉煌；等等，无不是为国争光的爱国主义精神在中国体育战线上的生动写照。

2.激发学生社会情感

体育运动具有竞赛性、对抗性的特征，竞赛结果又有不确定性，因此，它不仅能引起广泛的社会关注，而且能够使人们产生强烈的情感刺激和情感体验，调整失衡心态。因此，体育教师应运用体育课自身特有的教学特点，营造比赛氛围，让学生在不知不觉中意识到人与人之间团结合作、相互理解的重要性，同时激起学生积极向上的心理体验和社会责任感。体育教师通过体育课堂教学中设计的各项有计划、有目的的组织活动，不仅要向学生传授体育知识、技能，更重要的是要在潜移默化中培养学生的集体责任感、奉献精神和团队精神，从而使学生懂得国家利益、社会利益和集体利益高于个人利益，只有具备良好的社会情感，才能成为对集体、社会、国家有益的优秀人才。

（二）提高学生的心理素质和社会适应能力

1. 体育有助于培养合作精神

合作是建立在团体成员对团体目标的认识相同的基础上的。在合作的社会背景下，个人所得有助于团体所得。现代社会需要合作精神，一个人的力量微不足道，一个人要想在社会中取得成就，就要与他人合作。合作能力既是体育活动参与者必备的素质，也是需要通过体育活动发展的一种能力。体育教学对学生合作精神的培养具有积极的意义。

2. 体育锻炼有助于形成竞争意识

竞争是体育运动的主要特征之一。在体育运动过程中，时时处处充满着竞争，既有对自己运动能力的挑战，也有与他人的争胜；既有人与人之间的竞争，也有团体与团体之间的竞争。现代社会竞争日趋激烈，因而努力培养竞争意识和能力有助于学生走出校门、走向社会后很好地适应社会。

3. 体育精神能够使大学生受益终身

大学生正处于人生最具活力、生气的阶段，活泼好动，勇于尝试。对大学生进行体育精神教育，有助于大学生克服怕苦怕累、意志薄弱、任性等缺点。学校体育教学除了培养学生良好的体魄、强健的身体，更要借助学生的体育兴趣，培养其良好的集体主义精神、拼搏进取精神、竞争精神、艰苦奋斗精神和创新能力等体育精神，使大学生终身受益。

（三）体育教学与体育精神

尽管技术手段、比赛方法、胜负的形式各不相同，但其基本的体育精神却是相同的。大学生投入体育运动中就已经开始接受体育精神的影响和教育，受到体育精神的熏陶，改变和塑造着自己的人格精神。

体育教师要培养学生树立体育精神的意识，认识到体育精神对学生人格形成所起的重要作用，把体育精神的教育贯穿在整个教育过程中，时时刻刻充分利用体育精神培养学生的人格。

教师细读、精研教材，挖掘、提炼教学内容中的体育精神。

在教学过程中，教师用适当的教学方法和手段培养学生的体育精神，注意教学细节对学生体育精神的教育。在深化教学改革的时代，体育精神的培养是体育教学的一个高层次的战略目标。所有的体育教师都应在体育精神的挖掘、提炼上，在体育精神教育的内容、教育方法和手段上狠下一番功夫。

三、高校体育精神建设的途径分析

（一）营造良好的体育文化氛围，发挥体育精神内隐式教育作用

体育精神是社会文化的一种。体育精神对人的影响是潜在的，能在无声无息中形成一种渗透力量。大学生所受体育精神的影响，不仅发生在体育课程中，还发生在日常生活中。对大学生而言，处于一种良好的体育文化氛围中，能够激发其主动锻炼的自觉性，培养他们对体育的热爱，让大学生在体育锻炼中获得情感和精神的升华，进而达到文化教育的目的。国内有不少高校在倡导"我运动、我健康、我快乐"的体育运动理念。在体育活动中，大学生体会到这种理念的精神实质，为体育精神的传递和培养提供了机会。体

育精神也对形成正确的校园文化起到了促进作用，特别是在促进大学生养成好的体育锻炼习惯和健康的生活方式方面，体育精神有着良好的促进作用。

（二）创新教育方式方法，将体育精神内化为自觉意识与行为

布鲁姆将教育目标划分为认知、情感、动作逐步递进的三个层次。他认为，教育目标的最高水准是把体育活动看成人的自身价值的体现。他还认为，体育精神是通过体育活动将这种精神内化为人的情感，并对人的行动做出指导，成为人的精神支撑。因此，体育教育的方式方法也需要进一步完善，可以在体育教育活动中激发大学生的学习热情，让大学生能够主动地去感悟生活。从目前的情况来看，体育精神主要是在体育活动中才得到体现。高校举办的运动会、社团活动等。都可以展现体育精神。但是体育活动并非是展现体育精神的唯一途径。比如，建立体育专用微博，在微博中植入健康生活的理念，这种易于被学生接受的方式，可以更好地让大学生感受体育精神，而且这种做法有助于体育精神的内化。

（三）将体育精神培养纳入校园文化建设体系，形成长效工作机制

大学是培养人才的地方。体育精神对于培养大学生拥有健康的心态、形成正确的校园文化都是有益的。但是体育精神是一个长效性的活动，不可能速成，需要学校在进行校园文化建设时将体育精神纳入校园文化建设中，将体育精神融入校园文化，形成人人讲体育精神的校园文化氛围。

（四）构建体育活动价值体系，彰显体育精神价值

体育精神是在大量的体育活动中得到体现的。体育精神的表现形式比较抽象，所以大学生在把握体育精神时需要注意进行区分。虽然很多学校都组织有各种体育活动，但是在热闹的体育活动中，有时大学生并没有领会到体育活动的深层价值，所以大学生的体育精神要想得到提升很不容易。体育精神需要细化，将体育精神和体育活动结合起来，是一种比较可行的方式。我们常说的"重在参与"，最早是由奥运会发起人顾拜旦提出的。这里的"参与"是指参与体育活动，有试试看、体验一下的意思。这种参与体现了对体育活动的主动探索性，在参与的过程中发挥自我潜能。放弃参与，就是放弃发现自我的机会。体育精神注重的是参与，是体验，不是通过语言讲道理，而是在体验后获得经验和道理。大学生本身是不同的个体，由于知识、经验的不同，对体育精神的领悟能力也有差异，所以可以对体育精神进行细化，在此基础上形成体育活动价值体系，这是十分有益的。

此外，体育比赛中的企业与俱乐部联盟本质上也对体育精神的培育有着促进作用。所以说，多元化的方式融入体育精神培育工作中，可以使体育精神更有活力。总之，大学生的日常生活和体育精神是密切联系的。体育精神是塑造大学生爱国、爱家思想的重要力量。把高校的校园文化建设与体育精神的培育结合起来，是大学生发展的需要，也是"以人为本"思想的体现，而现在提倡的大学生全面发展的理念，更需要将大学生的体育精神培养放在重要位置。

第二节　高校体育物质文化建设

校园体育文化是校园文化和体育文化的交叉，是指在学校这一特定环境中，全校师生在体育教学、课外锻炼、群体竞赛、场馆设施建设等活动中共同创造的物质财富和精神财富的总和。校园体育物质文化是人们通过感官可以感受到的一切物质性对象的总和，是在高校体育发展过程中积累的外在物化形式的统称，它包含体育场馆、体育设施、体育器材、体育雕塑、体育宣传设施等。可以说，校园体育物质文化建设是高等教育人才培养过程的重要组成部分。

一、改变观念，加大高校体育物质文化建设力度

各类高校应根据自身的实际情况加大校园体育物质文化建设的力度。这不仅是要加强体育硬件设施建设，而且要挖掘硬件设施中蕴含的人文价值。体育场馆、塑像、宣传栏等物质载体本身就是一种文化现象，它凝聚着人类的智慧，体现着人类的价值观。这些外在物质实体所承载的文化内涵，对学生的思想起到了良好的陶冶作用。而且，在进行校园体育文化建设时，应该坚持继承原则，不断创新和发展，吸纳中外体育物质文化的精华，体现出时代、民族的特点和教育的特色，使体育硬件设施建设不仅能体现现代化、高科技的特点，更能成为弘扬民族和传统文化的载体。

二、实现多元化发展，使社会效益与经济效益有机结合

学校应向广大师生、员工提供大量充足的体育活动场地与设施，以使他们拥有健康的身体、旺盛的精力和良好的健身习惯，从而更好地投入教学和学习中去。这样健康向上的学生毕业后，走向社会和工作岗位，不但会对社会做出更大的贡献，而且会提升高校的声誉，吸引更多的优秀人才到高校中来。在此基础上，在课余时间把闲置的体育场地通过有偿服务的方式面向社会开放，吸纳一部分资金用于维护和管理场地，这样可以有效地缓解体育经费不足的压力，实现社会效益与经济效益相结合的目的。

经典范例：苏南新农村体育物质文化的建设研究分析

江苏苏南作为我国现代化建设的排头兵，已经领先全国。苏南人民在物质生活已经有了极大提高的基础上，对丰富精神文化生活的愿望和需求更加迫切。近年来，国家相继出台的一系列文化建设的政策措施，为文化建设创造了有利的环境条件，也为苏南新农村体育文化建设提供了良好的发展契机。

（一）案例背景

1.苏南新农村行政村体育场地与设施情况

随着苏南新农村建设的不断推进，农民的生活方式已经发生了深刻的变化，城镇化的生活方式已经进入农村，农民也有了很多的业余时间。这为他们追求更高水平的精神生活提供了条件，而体育锻炼无疑是第一选择。据调查，目前苏南村民对体育场地设施满意率达到 64.2%，不满意的仅有 14.3%，没法说的为 21.5%。就太仓而言，目前镇级文体活动中心建有率已达 100%，中小学体育场建有率达到 100%，高级中学体育馆建有率达到 100%，学校体

育设施向社会开放率≥ 80%，各级政府结合城区公共广场、大型绿地改造建设，增设全民健身活动场地设施，开设篮球、排球、广场舞、健步走、羽毛球、乒乓球、健身锤、扇子舞、门球、太极拳等项目的场所。这些场地设施不断完善，为新农村体育活动的开展提供了硬件支持。

2. 苏南新农村行政村场地设施利用情况

随着苏南经济和城镇化建设的不断发展，苏南新农村体育设施在政府的重视下，基本能够满足新农村村民的需要。各行政村均建有体育中心、健身房、健身公园等。笔者通过对村民到健身公园锻炼的情况进行调查，了解健身公园使用情况，经常去的为 42.2%，偶尔去的为 28.3%，很少去的为 20.8%，不去的为 5.1%，不清楚的为 3.6%。从村民去体育公园的频率来看，新农村体育公园的使用率还是比较高的。但调查还发现，有部分体育设施使用频率比较低，如健身房，主要是年轻人去得比较多，年长者基本不去，这与健身理念有一定的关系。

3. 苏南新农村行政村体育运动的场地设施维护情况

调查显示，苏南新农村行政村体育运动的场地设施维护情况很好的占 28.9%，一般的占 52.8%，基本无人维护的占 11.6%，不清楚的占 6.7%。从中可以看出，各行政村都安排了专人对体育设施进行维护，对提高体育设施的寿命起到了积极作用，但维护的质量还不是很高。笔者对体育公园和健身步道的维护情况进行了专门调查，发现对健身公园和健身步道进行维护的，不是专业体育维护部门，而是绿化维护单位，主要对公园和健身步道的绿化进行维护，没有专门对体育设施进行维护。有的体育设施损坏了以后，长年处于不能用的状态，主管部门也不管，造成了一定的不良影响，这方面应该引起有关部门的重视。

4. 苏南新农村体育经费来源情况

苏南新农村体育活动的经费来源主要有五个方面：上级政府支持、体育彩票、村委会自筹、民间集资、企业赞助。上级政府支持的经费主要用于体育场馆的建设，这是经费投入相对比较多的部门，对于体育器材的添加和体育设施的维护保养，也被列入政府支持部分。从目前来看，苏南新农村将体育彩票的收入用于增加体育设施的做法已经非常普遍，这对新农村体育设施的增加起到积极作用。村委会自筹经费主要用于村民参加各类体育比赛，而体育设施的维护经费，部分也是村委会自己投入的。企业赞助的经费一般来说都是对于某项比赛进行专门资助，一般数额都比较少，但也有大型企业对体育设施进行赞助，一般都是一次性的。民间集资情况相对较少，都是在迫不得已的情况下才出现，而且能主动参与集资的人员也是很少的。

（二）案例启示

苏南地区经济发达，新农村体育经费有充分的保障，各级政府都能根据国家的要求建起相应的体育设施，体育场地、场馆建设水平和覆盖率较高，体育设施的利用率较高。

第三节 高校体育文化制度建设

一、高校体育文化制度建设的必要性

建设健康向上的高校体育文化，不仅是高校校园文化建设的需要，同时对提高大学生体育文化素质、身体素质，培养其终身体育思想，对促进体育和校园精神文明建设都具有积极的作用，是值得高校工作者探讨和研究的课题。近几年来，随着高校体育地位的逐步提高，高校校园体育文化建设也随着师生重视度的提高而有了长足的进步。高校开展了形式多样的体育文化活动，使学生的参与积极性有了很大提高，不仅促进了学生的身心健康，而且对培养学生的体育意识和运动能力起到了积极的作用。

二、学校内部管理机制的具体建议

学校管理是一项复杂的系统工作，需要调动一切可以运用的资源，构建全方位的保障机制，保证体育管理的质量。

（一）树立以"健康第一"为主导的高校校园体育文化思想

学校体育工作者和管理者应该认识到，建设校园体育文化是高校工作的重要组成部分，且可以开阔学生的体育文化视野，培养学生积极、健康的体育精神。

（二）加强体育管理组织体系的建设

加强体育管理组织体系的建设应从两个方面予以考虑：一是建立学校体育管理与外部环境的联合机制，主要包括与校外单位和校内非体育部门组成具有协调配合职能的组织机构，对高校体育工作从宏观上进行有效协调；二是建立结构合理、层次清晰、高效、有序的高校体育管理执行机构，细化高校体育管理各组成部分，实现科学、有序管理。

（三）充分发挥学生在校园体育文化中的主体作用

要充分发挥学生在校园体育文化中的主体作用，必须以学生为中心开展相应的体育文化活动。高校的体育活动应该保证体育活动项目多样化和体育活动生活化，根据学生的特点做到不同人群体育活动的差异化。

（四）积极开展高校体育竞赛活动

高校通过开设高水平的传统体育项目，形成有自己特色的体育传统，这样才能提高学校体育的影响力，适应 21 世纪高校的发展潮流。高校还要结合本校的实际情况，开展校内的体育竞赛活动，通过广大师生参与体育竞赛活动，极大地改善大学校园的体育文化环境。

（五）规范体育俱乐部的组织管理

高校应将体育俱乐部作为一项专项工作来组织。体育俱乐部的组建并不会削弱体育课的基础地位。体育俱乐部应由学校管理人员、专业教师和学生共同管理和运行。体育俱乐部不能成为一个休闲娱乐组织，而应成为具有具体管理职责和任务的全校性官方组织，对参加体育运动的学生和教师要有备案制度，相应的档案资料要作为师生的考评资料。

（六）提高高校体育设施的利用效率

高校应建立体育场馆和设施良好的经营和管理体系，必须对传统的封闭的经营方式进行改进，引进先进的管理模式及经营方式，并对社会实行有偿开放。学校应掌控体育场馆的经营模式，减少微观上的政策干预，调节有关部门之间的经济关系，调动体育场馆管理人员的积极性，以此推升高校体育场馆的利用率以及服务水平。

三、高校体育管理的原则和方法

（一）高校体育管理的原则

根据学校体育工作的特点与规律，学校体育管理的基本原则分为整体性原则、周期性原则、有序性原则、规范性原则、教育性原则和有效性原则。

1. 整体性原则

学校体育管理的整体性原则包括两层含义。

（1）学校教育管理是一个有机的整体系统，它由若干个子系统组成，按工作任务可以分为智力教育管理、道德教育管理、体育教育管理等子系统。学校体育管理作为学校教育管理的子系统，首先应服从并服务于学校教育管理这个整体，处理好局部和全局之间的关系，使之与学校教育管理相适应，为培养德、智、体全面发展的一代新人做出应有的贡献。其次，学校的领导者、有关部门、组织与人员，也应该处理好全局与局部之间的关系，在抓学校教育管理的时候，将体育管理纳入其中，使学校体育管理在学校教育管理中有相应的位置，并给予应有的重视和关心。

（2）学校体育管理作为学校教育管理的子系统，它自身又有一个由若干个更小的子系统组成的整体系统。从学校体育管理的内容来划分，可以分为体育教学管理、课外体育活动管理、运动队训练管理、体育竞赛管理等子系统。虽然这些子系统各自管理的对象的内容与特点不同，所采用的管理手段和方法也存在着区别，但它们之间又是相互联系、相互促进、相互制约的，并形成了学校体育管理的整体，为完成学校体育的总目标服务。

2. 周期性原则

学校育人活动的周期性特点和规律，决定了学校体育管理的周期性。学生从进入小学开始到获得一定的学历毕业走上社会，这是一个通过多年教育培养的全周期。而小学、初中、高中、大学，各学段又相对独立为一个大周期；每一学段又以年级来划分，每一个学年又构成学年度周期；每一学期构成学期周期；直至每一天、每一次课、每一次活动，都形成最基本的教学和活动单元。这种周而复始、循环往复、不断提升的过程，决定了学校教育管理的周期性，也决定了学校体育管理的周期性。

学校体育管理的周期性，要求在设计、决策各级各类学校体育发展战略、学校体育目标、体育教学大纲、体育锻炼标准和体育合格标准等事关学校体育全局的事项时，有一个科学的、通盘的思路和架构，使不同学段之间、不同年级和学期之间，既互相衔接，又不断提高要求，以期达到理想的效果。学校体育管理的周期性，还要求实施学校体育的计划管理。计划管理是学校体育管理极为重要的表现形式。计划的制订和执行，是学校体育质量的重要保证。可以这样说，没有计划，就不成其为管理，也就谈不上学校体育工作的质量。而计划的制订，又是以学校体育教育的周期性特点为依据的，如学校体育工作计划就是以学年度和学期为时限的；体育教学计划分为学年体育教学工作计划和学期体育教学工作计划；运动队训练计划也是以学年度来划分训练周期的；等等。

学校体育的周期性，还表现为学校体育工作和活动的季节性。我国四季分明，南北气候相差悬殊，因而在活动内容的安排上，总是考虑季节因素，因季节而异，如春季的校田径运动会、秋季的各种球类比赛、夏季的游泳、冬季南方的长跑活动和北方的冰雪运动，等等。

3. 有序性原则

管理是一种有序的活动，学校体育管理也不例外。学校体育工作是一项复杂的工作，其对象的广泛性、工作内容的多样性和任务的繁重性等特点，决定了学校体育管理工作的复杂性。贯彻学校体育管理的有序性原则，就能保证各项工作忙而不乱、井然有序地进行。学校体育管理的有序性，首先表现在学校体育管理系统是一种多层次的有序结构。学校主管体育工作的有校长、体育卫生领导小组（体育运动委员会）、教务处（体卫处）和总务处、体育教研组（室、部）、体育教师、班主任。这种管理系统反映了管理的层次性特征，形成决策层、管理层、执行层三个层次。不同层次应明确职责和分工，上级管下级，一级管一级，领导做领导的事，各层做各层的事。这样分层次的有序活动，能使管理产生最佳的综合整体效应。学校体育管理的有序性，还表现为管理过程的有序性。管理过程的三个基本环节，即计划、实施、检验，也反映了管理活动的有序性。不论是学校体育工作，还是体育课教学、课外体育活动、课余体育训练、体育竞赛，在实施管理时，都要按照这三个基本环节进行。如果违背了管理过程的有序性，就会造成工作杂乱无序、事倍功半，影响或削弱管理的效果。学校体育管理的有序性，还表现在处理学校体育的具体工作时要分清主次、轻重、缓急：主要工作应始终抓住不放，以此带动全局；重点工作着力办，以保证重点任务的完成；急事急办或特办，以期短期内收到显著的成效。

4. 规范性原则

学校教育是一种有目的、有组织的活动。学校是在党的教育方针、国家有关教育的法律和法规的指导和约束下进行教育活动的。教育方针和法规，就是一种最具有约束力、最基本的规范和准则。作为学校教育组成部分的学校体育，同样也应受制于这种最基本的规范和准则。任何轻视、忽视、削弱、排斥学校体育的行为，都是对上述规范和准则的背离；同样，任何只顾体育成绩，不问、不抓德育与文化学习的行为，也是对上述规范和准则的背离。学校体育管理的规范性，要求学校体育建立必要的规章制度和工作规程。合理的规章制度和工作规程，既可保证学校体育管理者正常的、稳定的工作秩序，又可使受管理者自觉地遵守，以维护和保证学校各类体育活动正常、合理地进行。学校体育管理的规范性，还要求学校有良好的校风和学风，以及良好的体育传统、风气和体育道德作风。校风和学风不仅对道德教育、智力教育有约束力和影响力，而且对体育教育也同样有约束力和影响力。良好的体育传统、风气和体育道德作风，不仅从侧面反映出一所学校体育的质量、水平和体育的精神风貌，而且在一定意义上反映出一所学校的教育质量和精神面貌的水平。

5. 教育性原则

学校体育是学校教育的重要组成部分，其本身就属于一种教育活动。学校教育决定了学校体育管理必须遵循教育性原则。搞好学校体育管理，就能更有效地增进学生身心健康，增强学生体质，使学生掌握体育的基本知识，培养学生体育运动的能力和习惯，培养学生道德品质，全面地完成学校体育工作的基本任务。

学校体育管理，其本身也是一种教育。合理的体育管理制度、有效的管理措施、严格的管理要求等，对学生的体育行为和道德行为起到很好的规范作用，因而能发挥积极的教育效果。加强体育课教学的管理，不仅能更好地完成体育教学的任务，也能教育学生树立为"四化"锻炼身体的思想；搞好课外体育活动的管理，能增强学生集体主义精神；做好体育竞赛的管理，能使参加者树立公平竞争的思想，养成遵守规则、尊重对方、尊重裁判的习惯。因此，"管理也是教育""管理育人"的提法，是很有道理的。学校体育管理的教育性原则，还体现在学校体育管理者和体育教师的表率作用方面。学校体育管理者和体育教师在管理中严格要求、一丝不苟、以身作则、为人师表，其对学生的感召力和影响力是不可估量的。

6.有效性原则

管理的目的是在实施管理的过程中，合理地使用人力、财力、物力、时间、空间和信息，使之获得最佳的效益。体育管理的有效性以管理效率（或经济性）和效果作为评价的主要标准。管理效率是指人、财、物、时间、空间、信息的耗量与单位效果之比。讲管理效率，就是要用最少的人、财、物、时间、空间和信息获得最佳的效果。因而管理效率也可称作管理的经济性。贯彻有效性原则，还要求在实施学校体育管理时，对管理工作的效率和效果进行科学的评价。

上述各项原则是相互联系的有机整体，它们组成了学校体育管理的原则体系。贯彻这些原则，在实际工作中，要根据学校的具体情况和工作实际，合理而有机地加以运用并使之具体化。

（二）学校体育管理的方法

学校体育管理的一般方法有法律法、行政法、教育法、奖惩法等。

1. 法律法

学校体育管理的法律法是运用法律、法规对学校体育进行管理的方法，它又可称作法律法规法。由于法律与法规具有普遍性、规范性和强制性等特点，故在其适用范围内具有普遍的约束力。教育与体育的法律、法规，学校体育的法规，是进行学校体育管理的法律、法规依据，它有利于维护学校体育管理秩序，调整各种管理关系，以促进学校体育事业的发展。

2. 行政法

学校体育管理的行政法是运用行政组织的职能与手段对学校体育实施管理的方法。行政法具有权威性、指令性、针对性和自上而下的纵向性等特点，能有效地发挥组织、指挥、控制、调节的作用，是一种常用的管理方法。

3. 教育法

学校体育管理的教育法是运用宣传教育的手段和形式对学校体育进行管理的方法。教育法也可称作宣传教育法。教育法具有说理性、引导性、多样性、灵活性和表率性等特点，能使管理者和被管理者知其然，也知其所以然，启发其自觉性和积极性，使管理制度和办法得以顺利地贯彻和推行，并使管理具有教育性意义。

4. 奖惩法

学校体育管理的奖惩法是表彰、奖励先进，批评或惩戒后进的激励办法，因而也可以被称作激励法，是学校体育管理中常用的行之有效的方法，也符合体育是一种竞争性活动的特点。表彰、奖励是对集体和个人的体育工作和成绩进行肯定、褒扬的方法，能起到激励、示范和推动学校体育工作的积极效果。表彰和奖励可分为精神奖和物质奖两类。物质奖的奖品或奖金应适当，并有教育意义。某些地方对优秀体育教师在工资待遇方面给予一定晋升的方法，也是可取的。批评和惩戒是对学校体育工作后进的集体或个人进行批评教育、惩罚处理的方法，能起到教育、告诫、鞭策的作用。实施本方法时，要求批评应实事求是，以理服人；惩戒应依据罚则实事求是，适度掌握，惩前毖后。

第三章　高校体育健身文化建设

随着全民健身运动的推广、开展，人们的体育健身意识得到不断增强，而校园体育作为全民健身运动得以顺利开展的重要途径和保障，对在校园中建设体育健身文化有着非常重要的作用和价值。本章就校园体育健身文化建设进行研究。

第一节　高校体育文化传播途径

随着高等教育的产业化、办学模式的多元化，高校在建造自己的体育文化、学校形象的同时，要加大传播力度，通过多种传播媒介展示自己，从而使高校的客观实在转化为社会公众心目中的认知形象。

一、审视高校体育文化传播

（一）高校校园体育文化传播内容

高校作为代表国家先进科学文化水平的团体，它的形象早已深入人心，随时随地影响着人们的思维、情感和教育决策。而体育文化传播是提升学校形象的一条重要途径。

1. 校运会

校运会是学校体育文化传播的一个重要环节。在校运会中，体育文化传播的主体是学生。校运会的目的不仅是通过竞技体育增强学生体质，培养学生顽强拼搏、积极进取的精神，更重要的是增强人际交流、传播体育文化。一些学校运动会的主要内容是田赛和径赛，在体育文化知识宣传方面做得不够完善，仅有一些口号、宣传海报、横幅及播报。有条件的高校会利用大屏幕显示运动员的成绩，但这与体育文化知识的传播要求还相差甚远。

2. 体育文化节

现今的学校体育运动逐渐打破传统竞技模式，融集体项目、娱乐项目和主题项目于一体。有条件的高校还开展时尚体育项目的运动会，"以人为本"，传播特色体育文化。体育文化节影响遍及高校，对高校产生了巨大影响，同时引起社会的广泛关注，展现了当代大学生的风采。以襄樊学院为例，体育文化节通常是学工处组织、院系承办的特色活动，如"两人三足"比赛，借助学校地处隆中风景区的优势组织定向越野比赛等。其余各高校举行的体育文化节内容也很丰富，形式多样，如棋类比赛、体育知识竞赛、体育展览赛、电脑体育动画制作评比等。

3. 全国大学生品牌赛事及各级重要赛事

学生的形象通常是通过学生社团活动或学习、比赛展现出来。学生在各类比赛尤其是高级别的、社会影响力大的比赛中获得优异成绩，都能为学校赢得声誉。高校积极地承办重要体育赛事，既可达到高校体育文化传播、扩大学校知名度的目的，又能取得良好的经济效益。国内几大高校品牌赛事——大学生篮球联赛（CUBA）、中国大学生篮球超级联赛、中国大学生足球联赛、中国大学生三人篮球联赛等，其传播效果是惊人的，对大幅度提升高校形象有着重要作用。

4.训练基地

在国内，专业队落户高校这种体育传播形式还鲜为人知。在这方面走在前头的首推清华大学，其跳水队已初具规模；另外，浙江的杭州师范大学也采取了与省女子散打队"联姻"的形式，开创了武术专业队与高校联手的先河，有了体教结合的先例。

襄樊学院毗邻国家级风景名胜区——古隆中，此处环境幽雅、景色宜人，是一个非常好的体育训练基地，也是体育竞技很好的比赛地点。如果能吸引一两支省级队伍来此封闭训练，比如篮球队、乒乓球队、足球队甚至是围棋队等，然后将比赛带入学校，将极大地提升学校形象，带动学校发展。这些方法对别的院校也同样适用，比如三峡大学可以利用其优势吸引企业，吸引游泳队、划船队、跳水队训练，等等。

（二）高校体育文化传播的重要性

对于体育文化传播的概念，很多人会产生疑问："体育就是技术学习，与文化传播有什么关系？"也可能有一部分人目前已感受到体育文化的发展势头，似乎觉得大背景下体育与文化应该相互结合，但技术教学与文化发展又似乎很难扯上太大的关系。总之，我们习惯从技术传播的角度来看待体育，而非在文化背景下谈论体育发展——这就是束缚体育发展的症结所在。其实，体育既需要技术传播，又需要文化传播。可以说，体育技术若没有文化传播、传承与创新的融入，就很难转化为锻炼工具。可以这样说:有锻炼意识，一块石头都可以成为锻炼工具；没有锻炼意识，豪华哑铃也不会使人提起锻炼兴趣。

更何况在中国历史上，经过文化传播的项目都有着较强的生命力。例如，象棋、围棋等被推崇为高雅文化不可或缺的组成部分，这就是文化传播造就的。因此，即便棋类体育活动没有被设为课程，不用强制练习，也能获得很好的普及效果。原因何在？文化力量向心驱动而已。

且看一些近代的体育教育观念："体育是具有时间和空间性的，随社会变迁而变迁""体育对于一国最大之贡献，在能辅助一国之教育，增进一国之文化，不仅限于增进个人健康也""不依据任何一种制度，但取各国所有之各种体育之善者，而形成一种新颖之体育制度""学习的发生是由于需要或兴趣，因需要才发生兴趣，因兴趣才感到需要，为了需要才想活动，活动结果可以得到满足""体育对于休闲活动，当然必须负起更重大的责任"，等等。这一切对于今天体育的发展依然有启示，即体育的时空特性及文化属性是兼收并蓄、"以人为本"的。

学校是精英人才聚集的场所，是知识、智慧的集散地。如果体育发展可以从文化传承与创新的角度注入活力，那么应该有助于提高其实效。在中国历史上，体育的传播与文化人有着密不可分的联系。文人在体育的传播中担当着重要的角色，不仅涉猎技术领域的练习，还著书立传记载传播，如司马光改进投壶运动，张建封马球场纵横驰骋。若这一传统能够在学校——这个知识分子高度集聚的地方发扬光大，当今体育的发展自然充满希望。

二、高校体育社团对校园体育文化传播途径分析

新形势下，高校社团得以蓬勃发展，不仅种类不断增加，活动也是日益丰富，其中体育社团凭借其增强学生体质、开阔学生视野、锻炼学生能力、丰富校园生活等诸多优势深受广大学生喜爱，极大地促进了校园体育文化的传播。

（一）高校体育社团对校园体育文化传播的影响

1. 体育社团文化是校园体育文化的重要构成

校园体育文化与智育、德育、美育等文化共同构成了校园文化，其强调的是"以人为本"，代表的是校园精神，既有着丰富的内涵，也具备独特的外延。而高校体育社团凭借其灵活多样的社团活动，为学生进行体育健身、人际交往、彰显个人特长、追求自由发展等提供了平台，且其活动内容极富感染力、教育性及适应性，有利于促进学生综合素质全面发展，符合校园体育文化的宗旨，所以是校园体育文化的具体形式和重要构成。

2. 体育社团是校园体育文化传播的重要载体

校园体育文化的传播仅靠宣传和教育显然难以奏效，而高校体育社团借助充满活力、易被接受、富有影响力的体育类活动，感染、吸引学生积极加入社团活动中，使其在愉悦身心、锻炼体魄的同时，受到正确价值观念潜移默化的影响，进而逐渐形成吃苦耐劳、敢于进取、顽强拼搏、团结协作等精神风貌。加之校园社团数量众多，成员多为跨系、跨级甚至跨校，且一名成员可能同时涉及几个社团，有利于信息传播速度、效果的提升，故其是校园体育文化的"传播者"。

3. 体育社团是校园体育文化建设的重要力量

相对而言，德育等校园文化建设易在教学活动中渗透，而体育文化建设强调实践活动与知识渗透的有效融合，故高校体育社团所开展的足球、篮球、乒乓球、武术、健美操等各种形式的体育竞赛活动，为校园体育文化建设做了铺垫，配以体育专题讲座、知识竞赛、影片欣赏、趣味比赛等休闲、娱乐类活动则使校园体育文化更为丰富，很大程度上满足了学生多变性、多样化、多层次的需求，因此其是校园体育文化建设的重要力量。

（二）高校体育社团和校园体育文化和谐发展的策略

1. 注重体育社团基础性建设

考虑到体育社团宣传力量有限，不利于校园体育文化的进一步传播和繁荣，建议高校有关部门为其创造一定的宣传机会，引导全校师生提高对体育文化的认知，树立科学的价值观念，养成健康、文明的生活方式等。

2. 促进体育社团规范化管理

毕竟高校社团是由学生自发组织、自主管理和参与的，因此不可避免地会出现管理无序、混乱等不良情况，既制约着自身的健康发展，也不利于校园体育文化的建设。这就要求高校团委加强与体育管理部门、学生处等的交流与合作，对体育社团实施统一、规范化管理，并制定相对完善的管理制度，如明确社长、宣传部、组织部等职务权责，细化总结汇报制度，并对经费审批、活动原则、团费标准、成员出勤等做出规定，以此实现内部管理有章可循。此外，高校还应每年考核、评估体育社团绩效，并予以及时、合理的表彰或整改，甚至取消等。

3. 实现体育社团可持续发展

体育社团的可持续发展关乎校园体育文化的建设和繁荣，故可从下述几点着手：一应鼓励体育社团根据成员的不同需求，组织多样化且各具特色的体育社团，在扩大成员活动空间的同时，吸引更多的学生加入；二是进一步丰富活动形式和内容，如欣赏体育比赛、组织专题讲座、举办项目培训班、开展趣味活动、举办体育晚会等，以满足成员身心需求，使其提高运动技能，养成健康品质；三是发展有专业体育教师参与的运动队，既可以引导学生健康锻炼和运动，也有利于弘扬校园体育文化。例如，一高校在校内举办了CUBA 联赛，并在开幕、比赛间隙展示了特色的文体节目，明显地促进了校园体育文化建设。

总之，高校体育社团为学生身体素质、知识能力、价值观念、道德修养等的提升提供了助益，极大地促进了校园体育文化的传播和繁荣。因此，高校应充分发挥体育社团的效用，切实将体育文化渗透于校园的角角落落，以此实现两者的和谐发展、共同进步。

三、网络信息化技术对高校体育文化传播作用的研究

在传统的体育文化传播中，高校主要通过一些固定的体育文化活动来提高学生对体育的重视程度，并利用这些活动对学生的体育意识、体育态度和体育思想进行影响，使学生在体育学习中能够感受到体育的魅力和体育的价值。随着我国互联网技术的不断发展，高校数字化校园建设已经逐步成为高校基础建设中不可缺少的一项内容，而这项工程也使学生更加便捷地接触到网络传媒，使学生能够在最短的时间内对网络信息文化内容进行筛选和过滤。当然，其中体育信息的传播对学生的影响也越来越大，尤其是对学生的素质教育影响更大，更加凸显出体育的素质教育功能。那么作为学校和学生管理人员，如何有效地利用好体育信息传播途径，为学生的体育思想培育和校园体育文化建设服务，就需要我们每一位教育工作者去思考。

体育信息传播是大学体育价值理念和体育信息获取最重要的途径。各种网络媒体、电视、手机已经为大学生构建了快速获取各种信息的平台，尤其是随着学生在大学学习生活的深入，大学生对于新闻媒体的接触和认可程度也在不断地提升，学生的生活当中也逐渐离不开媒体介质。

调查显示，在体育价值观念形成的过程中，各个年级的学生受影响的因素是不一样的，之间的差异性较大。比如，对一年级大学生而言，社会及家

人对于他们的体育价值观念的影响相对较大，而校园体育文化及体育信息传播对其影响相对较小，学校体育课程教学和课外体育活动居中；对三、四年级的大学生而言，体育信息传播与网络媒体的体育导向对于他们的影响程度是最大的，且影响也是最直接的。

学生参与体育活动的动机往往来源于学生对体育中的某一个环节的兴趣，所以为了能够实现自己的目标而参与各种体育活动。比如，很多学生通过媒体目睹了某一位体育项目明星的赛场风采，对某一个项目的关注度就可能有所提升。再如，很多学生可能以前对跨栏都没有什么了解，但是因为奥运赛事媒体对刘翔的介绍和宣传，使越来越多的人开始关注这个项目；很多学生喜欢篮球项目就是因为 NBA 的某一个或者某几个体育明星；回到校园中，很多学生对于某一个项目的喜欢可能就是因为运动会当中自己同学的优异表现。所以学生对于体育信息的接触越频繁，其对于项目的喜好程度就越高。通过对四个年级的调查，我们发现，在学生的体育兴趣培养中，体育信息传播对于学生的影响程度和影响时间是直接相关的，所以很多学校都把校园体育文化建设和高水平运动队的发展与建设紧密联系在一起。学校的体育参赛队伍自然会影响自己学校学生的关注，而学生对于参赛队伍和参赛队员的关注会让他们对体育的兴趣发生很大的转变。这种培养思路的转变，本身就富含着信息传播对校园体育文化建设影响的影子。

对在校学生而言，他们接触到的信息传播途径主要有网络媒体、数字化媒体等几种形式。网络媒体因为传播速度快、访问便捷和时效性较高，所以最受学生欢迎。再加上手机业务的不断扩展，为网络媒体的发展提供了更多的便利条件。数字化媒体因为学校多媒体技术的引入而快速发展，学生接触也较多，但是对体育信息传播而言，主要还是依靠网络媒体。

研究发现，在高校体育文化的建设和传播中，体育信息传播的真实和可靠性对于学生的体育兴趣培养也起到了重要的作用。比如，对于体育赛事的报道，尤其是对于比赛的输赢报道，信息传播中的导向对于学生对赛事的热情和认识都有重要的影响。正确地引导学生认识赛事、对体育文化有更深层次的认识，势必会成为今后一个时期体育信息传播中受关注的问题。所以作为学校的管理人员，不仅需要把目光和精力集中在信息传播方式上，在很多情况下，还需要关注信息传播的导向问题，这对于大学生体育取向的培养具有重要的作用。当然，对于本校校园体育文化的建设与发展，如果信息传播过程中更多的是涉及本校体育文化活动发展的，学生对于此类体育信息的关注程度相对较高。这说明在信息传播内容方面，我们更多的时候需要关注身边的信息。这也给我们的体育管理工作人员一定启示，那就是在校园体育文化的发展和培育过程中，持续不断地创造体育信息及信息的新颖性，对于高校体育文化的发展是至关重要的。

四、高校新闻传播对校园体育文化传播途径分析

高校体育新闻传播依赖于传播学和体育的发展，同时对体育的发展将起到积极的推动作用，尤其在传播体育文化、弘扬体育精神方面有着独特的优势。它在休闲状态下潜移默化影响着大学生的价值观念、行为方向和精神面貌等，因此，研究高校体育新闻传播的文化意蕴具有重要的价值。

高校体育新闻传播的主体是全校师生、员工，其中起主导作用的是学校体育行政管理部门，即高校体育院系、体育部或者体育教研室等。体育新闻传播除了一般新闻传播的共同特点外，还有其自身独特的性质，其传播途径也包含了高校所有的媒体途径，并且体育行政部门还有自己专门的宣传途径。

（一）新闻传播的途径

1.广播

高校校园广播是高校媒体中最早出现，也是最简单、最直接的一种形式，是校园宣传工作的主体之一。校园广播具有信息传播及时、快捷、简短的优势，易被听众无意识地在课余饭后轻松地接收。尤其是遇到突发性事件或现场直播时，广播的独特优势就发挥得更加明显。

2.宣传橱窗

高校的宣传橱窗是一种简单的宣传媒体，它们的针对性、目的性和时效性特别强，而且十分灵活机动，成本也十分低廉，形式简单且比较美观，富有创意。可以说，宣传橱窗是高校媒体中的活跃分子。它们除了传递内容以外，还会给人以美的享受，充满高校浓郁的文化气息，是校园中一道亮丽的风景线。宣传橱窗能够加强校园文化建设中的政治导向，营造积极向上的文化氛围。但是，宣传橱窗作为一种机动灵活的媒体，也存在篇幅小、张贴时间短等缺点，很难全面地、持续地对受众产生影响。而且很多橱窗的宣传内容为手工制作，显得比较杂乱，没有专门的管理者，经常还会出现刚贴上去一会儿就被其他的宣传内容覆盖了的情况。

3.网络

校园网络是一种最常见的高校新闻媒体形式，它具有更新速度快、内容丰富、图文并茂等特点。现代信息技术尤其是网络技术的发展，为高校体育新闻传播提供了现代化手段，拓展了高校体育文化的工作空间和宣传渠道。校园网络目前已经成为高校加强体育新闻传播的一种主体媒体形式。除了充分利用学校校园网首页、聊天室、校园论坛等栏目进行体育新闻传播外，高校的体育行政机构还建立了自己的网页，有着丰富的宣传内容和广阔的宣传空间。随着通信技术的发展和学生消费能力的提高，很多大学生都在使用电脑和手机。电脑和手机在日常的校园体育新闻传播中，可以充分发挥快速传递信息的优势，建立体育新闻平台，向大学生提供一些及时的体育新闻、健康信息、运动方法、注意事项等信息，既可以帮助大学生增强参与体育活动的意识，也显得温馨、体贴，使他们真正感到大学生活的快乐和幸福。

高校体育新闻传播是社会文化的一个分支，其主要目的是引导和规范大学生的体育行为，对于培养大学生适应社会、服从管理、遵守公共道德等素质大有裨益。因此，高校体育新闻传播日益显现出它深刻的文化意蕴和价值。高校体育新闻传播具有导向功能。导向性是文化的主要特点之一。高校体育新闻传播的具体内容丰富多样，形式多姿多彩。这些丰富的体育新闻传播内容不仅使校园文化活动朝气蓬勃、富有生机，提高了大学生的文化素养，而且对学生掌握多种体育知识和方法起着积极的作用。高校体育新闻传播活动在传播体育信息、造就舆论环境的同时，营造了积极、健康的校园文化，在抵制不良文化对大学生的侵蚀方面也起到重要的作用。高校体育新闻传播倡导科学、健康、文明的生活方式，引导大学生追求健康、文明、高雅的生活目标。这就为大学生排遣精神压力、打发心中郁闷和发泄过剩精力创造了条件，对大学生建立健康、健全的人格起着不可忽视的引导作用。

（二）新闻传播的功能

1.高校体育新闻传播的教育功能

高校体育新闻传播对大学生的体育观念、生活方式和审美情趣都将产生深刻的影响。因此，高校体育新闻传播必然会表现出明显的教育功能，比如，通过生动地报道和宣传优秀人物来教育大学生树立正确的体育观念、弘扬爱国精神、培育社会公德等。另外，高校体育新闻传播可以让大学生快捷地获取各种各样的体育信息，以满足他们的好奇心和求知欲，并且可以提高他们学习体育的兴趣，增强他们对社会的认识。高校体育新闻传播拓宽了大学校园各种体育信息的来源，是现代大学生积极参与体育活动的重要动力源泉。

2. 高校体育新闻传播的激励功能

高校体育新闻传播的主要目的就是满足师生、员工的高层次精神需求，在沟通参与者思想情感的同时，使师生、员工感受到关心和尊重；在培养师生、员工共同的体育行为规范的同时，促进共同的价值观念、理想信念等群体意识的形成，可以使师生、员工产生归属感，从而增强学校成员的向心力和凝聚力。高校体育新闻传播弘扬积极进取的体育精神，深深影响着师生、员工的思想和行为，激励教职员工积极进取、不畏艰难、开拓创新，鼓励在校大学生勤奋学习、努力成才、为学校争光，从而在整个校园里形成一种朝气蓬勃、精神振奋、开拓进取的良好氛围。

3. 高校体育新闻传播的娱乐功能

在高校里，教师有着繁忙的教学和科研工作，学生也有着紧张的学习压力，而通过体育新闻传播可以有效地消除师生的焦虑与疲劳。一方面，高校体育新闻丰富的传播内容让师生在课余饭后自然地得到调节，从而消除紧张的情绪；另一方面，高校体育新闻传播通过体育知识的传播，引导体育行为，让师生积极参加校园体育文化活动。校园体育文化带有浓厚的娱乐性，它要求师生亲身参与运动，在愉悦身心的活动中承受一定的负荷。在校园这个相对"封闭"的生活环境里，体育活动以其娱乐性、趣味性和可选择性的特点，迎合了师生的生理和心理需求，已经成为师生、员工的主要娱乐方式。

第二节　校园体育健身文化形成的背景及特征

一、校园体育健身文化形成的背景

（一）人们审美能力和健身观念的提高和转变

在市场经济的作用下，各种规劝人们健身和美体的广告铺天盖地，拥有健美的身体成为一种时尚，因此而形成的健身文化成为大众文化的一员和表现形式。在生产企业、广告商和各种传媒的狂轰滥炸下，健身文化中的审美价值观和标准变得更为世俗化和日常化。

30年前，在电视上偶尔出现的健美比赛中，那些胸肌无比发达的老外龇牙咧嘴仍然要保持微笑的劲头，给人留下的都是古怪印象。30年后，"肌肉男""型男"则是令人羡慕的名词。史泰龙（电影《第一滴血》的主角）、阿诺德·施瓦辛格（健美冠军、电影明星）的硕大的肌肉、完美的体形无疑给中国男青年们留下了深刻的印象。他们的海报在学生宿舍里经常可以看到，这也反映了学生对发达的肌肉的一种崇尚。目前，全国各大高校都开设了自己的健身房，去健身房已成为一种消费时尚。"请人吃饭，不如请人流汗"成为流行的时髦口号。于是，健身成了一种文化体系。在这种文化的熏陶下，很多学生根据自己的喜好选择不同的健身项目进行锻炼，希望通过健身锻炼改变自己的体形、增强身体机能。如果能把健康和健身结合起来，身体就能获得它的完美性，这几乎是今天所有人想拥有的理想身体。参加健身锻炼，就是实现这个理想的具体行动。

（二）阳光体育所倡导的理念和校园健身文化融为一体

阳光体育运动所倡导的是一种终身体育锻炼的理念，它提出的"每天锻炼一小时，健康工作五十年，幸福工作一辈子"的口号，体现出对人的一生高度负责的态度，凸显健康的理念。这就是一种健身文化的植入，并与校园健身文化相融合，体现在注重学生的学习兴趣、爱好和个性发展，促使学生自觉、积极地进行体育锻炼，以全面发展体能和提高所学的运动技能水平，让全体学生真正爱上运动，自觉增强体质。阳光体育运动正是通过暂时强制性的活动，逐步培养学生自觉参加体育锻炼的习惯，形成终身体育锻炼的理念，是培养学生健康身心的无形教育力量。

二、校园体育健身文化的特征

（一）健身性

健身文化的主要形式是健身运动的实践。增强健康就是体育健身的最基本功能。实践证明，人们通过参加各种体育活动能提高有机体的力量、速度、灵敏性、柔韧性、耐力等身体素质，提高有机体对外界环境的造就能力，从而促进身心健康、增强体质。

（二）娱乐性

健身运动是一项极富魅力的竞技运动和娱乐项目，更是一种生活方式。它是一项竞技运动，因为它是需要长期艰苦的体能锻炼，付出辛勤汗水和智慧才能在竞争中取得有利排序的运动，所以具有竞争性。它为人们提供一种积极、健康向上的消遣，给人们带来无穷乐趣。体育的娱乐性，按参加者参与活动的方式可分为观赏性娱乐活动和运动性娱乐活动。观赏性娱乐活动是指人们观赏各种体育表演和比赛，特别是观赏竞技运动；运动性娱乐活动是指人们亲自参加体育活动，乐在其中。因为任何一项体育运动所追求的目标都是"更快、更高、更强"，而只有健身运动是为了"更美"。美是要拿出来展示的，在展示美的过程中被观众和喜爱它的人们赋予了观赏性和娱乐性。

（三）时尚性

为了适应学校紧张的学习，越来越多的学生积极投身于健身运动之中。"花钱买健康"或称为"健康投资"已成为一种消费意识和当今社会的一种时尚。哑铃和握力棒是宿舍健身最廉价、最普及的健身器材。

（四）教育性

体育本身就是以运动为手段使学生的身心受到教育和锻炼的。从一定意义上讲，健身是教育系统的一个组成部分。健身本身也是民众进行自我教育和自我娱乐的文化生活方式。因此，可以说体育健身也是接受教育和自我教育的手段和过程。健身运动是为了增进人体完美的发展，而寓教育于身体运动的教育过程，是社会对人的发展施行总体教育的一环，让每个人在身体力行的运动中锻炼完美的体格，提高适应能力。健身运动同样具有陶冶、培养和教化三个要素。人类发展产生了文化，随着对积累起来的文化价值认识的提高，作为健身文化特性的陶冶性越来越被强调。健身运动不断地追求培养人的可能性和界限，在人格完善中促使人完成从"自然"到"文化"、从"现实"到"理想"的转变。

（五）艺术性

健美、健美操和体育舞蹈等健身活动都和音乐有密切的关系。音乐是健身房健美运动的灵魂，尤其是完成健美操动作和形体舞蹈练习必不可少的组成部分。它可以丰富健美者锻炼时的想象力和表现力，培养其美感和良好气质。另外，健美训练的过程也是对人体雕塑的过程，这都体现了健美的艺术性。

三、学生参与校园体育健身的生活卫生

（一）睡眠与健康

睡眠是人们消除疲劳、保持身体健康的生理功能之一，是一种重要的生理现象，是人脑和各器官最基本的休息方式。著名的生理学家巴甫洛夫认为，脑组织中存在着一种抑制灶，当抑制灶处于优质状态时，抑制就会向周围弥散，引起大脑皮层的普遍抑制，从而产生睡眠。人处于睡眠状态时，一切感觉功能和生理功能都下降到最低水平，人体似乎与周围环境暂时失去了联系。睡眠时心脏活动减慢、变弱，血压降低，呼吸减慢，尿量减少，体温略有下降，人体的代谢率偏低，整个机体处于调整和恢复状态之中。

一个人每天都要有充足的睡眠。睡眠时间的长短，要根据不同的年龄而定。一般来说，学龄前儿童每天需要 10 小时的睡眠，青少年每天需要 9 小时的睡眠，成年人每天需要 8 小时的睡眠。

睡眠时间长并不等于休息好。衡量睡眠的标准主要是"质"，即睡眠深度。像"春眠不觉晓"形容的那样，深沉而恬静，一觉到天亮，才能有效地消除疲劳。如果睡眠质量高，可适当缩短睡眠的时间。

要想提高睡眠质量，首先要养成良好的生活习惯，每天按时睡觉，按时起床；其次要为睡眠创造良好的条件，卧室要安静，空气要流通，光线宜暗，被子要轻软、暖和、清洁卫生，这样有助于入睡。注意睡前不要喝浓茶、咖啡，

也不要吸烟，因为这些对大脑都有刺激作用，容易引起兴奋。

长期失眠会使人感到很痛苦，也会影响人的健康。引起失眠的原因是多方面的，有些大学生往往由于学习或娱乐等打乱了正常的生活规律，影响了睡眠的节奏，致使精神长期处于紧张状态，导致大脑皮层的兴奋与抑制发生紊乱，造成失眠。在这种情况下，必须从调整生活、学习时间安排入手，恢复正常的生活节奏，才能使失眠得到治愈。同时，失眠往往不是一种孤立的症状，还可能与高血压、心脏病、神经衰弱等疾病有关，因此，如果连续几天失眠就应及时去医院检查诊治，只要原发病治愈，失眠症状也会随之消失。

为了提高睡眠质量，在睡前应注意避免过于兴奋，避免进行剧烈的体育锻炼；在睡前应先静心，保持良好的心态，这样才能够更好地进入睡眠状态。

（二）戒除不良嗜好

1. 禁烟

世界卫生组织和各国科学家做了大量的社会调查和科学实验，证明吸烟对健康有很大的危害。吸烟能诱发和加重多种疾病，降低人体的健康水平，甚至缩短人的寿命。

吸烟的危害在于，香烟中所含的大量有毒物质会伴随吸烟活动进入人体，侵蚀机体的健康。在这些物质中，危害最大的是烟碱（尼古丁）、烟焦油和微尘，其中烟碱是神经系统和血液循环系统的杀手，毒性强烈；而烟焦油则与喉癌、口腔癌、食道癌、胃癌，特别是肺癌关系密切；一支香烟中有几万粒微尘，而吸入的大量微尘不断刺激气管的黏膜，就会引发咽喉炎、嗓子变哑、咳嗽和支气管炎等症状。人在刚开始吸烟时并不适应，会引起胸闷、恶心、头晕等不适，但如果吸烟时间久了，血液中的尼古丁达到一定浓度，会反复刺激大脑并使各器官产生对尼古丁的依赖。

吸烟不仅害己，还会损人。一些不吸烟的人，如果处于烟雾弥漫的场所，就会吸入吸烟者喷出的烟雾，这就是被动吸烟，危害也很大。

2. 禁酒

酒的主要成分是酒精，也称乙醇，是一种有毒物质，如果大量摄入，会毒害人体的一切细胞，对身体产生破坏作用。

人体的神经系统对酒精极为敏感，有些人饮了少量的酒后，会变得"健谈"起来，这就是中枢神经系统功能失调的初期表现。

酒精对心脏危害较大，长期过量饮酒会使心脏变性，失去正常的弹力而增大。长期饮啤酒的人心脏扩大最为明显，医学上称为"啤酒心"。酒精还会使血液中的脂肪物质沉淀在血管壁上，使血管变窄、血压升高，增加心脏的负担。

（三）劳逸结合

学习时间长，大脑会出现疲劳现象，学习效率下降，视力也会受到影响，这时就需要进行休息和调整，而最好的方式是采用积极性的休息，如进行体育活动或散步等。每天保证一小时的锻炼时间，能够提高大脑的反应能力，对保持视力健康也具有积极的意义。

如今电脑逐渐普及，并且已经成为大学生生活和学习中的标准配置。但是，很多大学生没有养成良好的使用电脑的习惯。这样不但视力受到很大影响，还使大脑长时间处于紧张状态，导致胃肠功能紊乱而影响健康。

熬夜现象常常出现在考试前夕，这样的学生为数不少。这样做最大的危害是使人体的生物钟被打乱，导致睡眠不足，影响大脑功能，容易引发失眠和神经衰弱等病症，所以说是不可取的。

（四）运动服装与卫生

在进行体育锻炼时，穿合适的运动服装是非常重要的，并且不同的运动对于服装也会有不同的要求。运动衣要轻便、舒适，夏季以浅色、薄运动衣裤为宜，冬季在不妨碍运动的前提下，应注意衣服的保暖性。另外，运动服装还应有较强的透气性和吸湿性。还要注意个人的卫生，要勤洗、勤换。具体而言，应注意以下几个方面的问题。

1. 运动鞋

运动者在选择运动鞋时，应根据自身所从事的运动项目的特点进行选择。很多体育运动都有其专业的运动鞋，如篮球鞋、足球鞋、网球鞋、舞鞋等。这些运动鞋专门针对各个运动项目的特点而设计，能够保证运动锻炼者更好地开展各项体育运动。如果篮球运动者在进行篮球运动锻炼时，若不穿篮球运动鞋，在运动时可能很容易滑倒，并且还可能出现脚部的损伤；另外，篮球运动对鞋子的磨损也较大，一般的鞋子根本无法满足篮球运动的需求，穿普通的鞋子运动时会很容易损坏。

在选择运动鞋时，一定要试穿，确定鞋子的大小与脚的大小相合，过大或过小，都会对体育锻炼造成不利影响。另外，运动鞋应有助于透气、排汗，尽量不要选择橡胶运动鞋。运动鞋也不应太重，避免脚部负担过重。

除了挑选合适的运动鞋之外，还应选择专业的运动袜。运动袜应相对较厚，不仅有利于汗液的吸收，还能够缓冲运动过程中的震动。另外，运动袜还能减少脚部摩擦受伤。

2. 运动衣

运动衣一般要相对宽松，在运动过程中使人感觉舒服，并且有利于血液的循环，保证人体正常代谢物的排泄。如果运动服过紧，则不利于汗液的排出，还可能造成皮肤的擦伤。另外，紧身的衣物也会对人体的肢体和关节具有一定的束缚作用，不利于运动中各种动作的完成。

在运动中，还应注意及时更换衣服，如在天气较凉时进行运动，排汗量增加时应及时去除外套；在运动之后应及时增加衣服（应及时更换被汗水浸透的衣服）。

需要注意的是，很多人认为，穿不透气的衣服进行体育锻炼能够增加人体的排汗量，从而达到减肥的目的。这是一种错误的观点，这样很容易使人脱水和中暑，从而给人体带来一定的伤害。

四、女大学生参与校园体育健身活动的体育卫生与保健

女性经常参加校园体育健身活动，不仅可以促进身体的生长发育，增进健康，提高身体各器官和系统的功能水平，使之能更好地胜任对身体要求较高的工作任务，而且可以使身体各部分的肌肉得到协调、均匀的发展，特别是通过体育健身能使腹肌、腰背肌和骨盆底肌的肌肉力量得到增强，这对于其以后妊娠期的身体健康具有积极的作用。

（一）女性参与体育健身的注意事项

青春发育期后，男女少年在身体形态与生理机能及素质方面逐渐出现明显的差别，而且女性从少年开始有月经来潮，因此，在进行体育健身时，必须要考虑到身体的生理特点。以下几个方面是女性体育健身的要求。

第一，女性心血管、呼吸系统机能相对较差，在运动时对锻炼的强度、时间及负荷量需要根据其主观感受确定。

第二，女性肩部较窄，臂力较弱，做悬垂、支撑及大幅度摆动动作较为

吃力，因此在学习这些动作时，要注意循序渐进。

第三，女性身体重心较低、平衡能力较强、柔韧性较好，适宜进行健美操及体操等活动。在锻炼中，应注意保持和发展其柔韧性，有意识、有步骤地加强肩带肌、腹肌、腰背肌和骨盆底肌的锻炼。

第四，不宜做过多的从高处跳下的练习，地面不可过硬，并注意落地姿势，以免使身体受到过分震动，影响盆腔脏器的正常位置及骨盆的正常发育。

第五，通过体育锻炼发展力量、速度和耐力等素质，提高女大学生的健康水平和运动成绩，并且使其养成长期锻炼的好习惯。

（二）女性月经期的体育卫生

月经是女性正常的生理现象。在月经期间，人体一般不出现明显的生理机能变化。因此，月经正常的女性在月经期间，可以参加适当的体育活动，如做广播操、打乒乓球、打羽毛球或打排球等活动。这些活动不仅可以改善盆腔的血液循环，减轻盆腔的充血现象，而且运动时腹肌与骨盆底肌的收缩与放松活动对子宫所起的柔和的按摩作用，还有助于经血的排出。此外，丰富多彩的体育活动还可以调节大脑皮层的兴奋和抑制过程，从而减轻全身的不适反应。月经期进行体育锻炼应注意以下几方面的问题。

1. 运动量应相对减少

一般人在月经期间身体的反应能力、适应能力和肌肉力量会有所降低，神经调节的准确性及灵活性也有所下降，因此，月经期间运动量的安排要适当减少，活动时间不宜过长。月经期间一般不宜参加比赛，因为比赛时活动强度较大，精神过于紧张，体力及神经系统都不能适应，易导致妇科疾病。

2. 不宜进行游泳运动

月经期间除应注意经期一般卫生外，还不宜游泳。因为经期人体全身与局部对病菌侵袭的抵抗力下降，游泳时病菌可能侵入人体，进而引发炎症。此外，月经期间也应避免寒冷刺激，特别是下腹部不应受凉，冷水浴锻炼也应暂停。

3. 不宜进行剧烈运动

月经期间应避免做剧烈的、大强度的或震动大的跑跳动作（如疾跑、跨跳、腾跃、跳高、跳远等），以及使腹内压明显增高的屏气和静力性动作（如推铅球、后倒成桥、收腹、倒立、俯卧撑等），以免造成经血过多或引发其他疾病。

五、学生参与体育健身活动的常见误区

（一）体重越轻越好

很多女大学生认为体重越轻越好，这是一种错误的观念，应及时进行纠正。现代人以瘦为美，瘦身已经成为一种时尚。在这种"时尚"的影响下，减肥成为很多女性日常生活中的重要活动。但是，关于体重，我们应从以下三方面进行理解。

第一，肥胖有害健康，这是人们普遍认可的。

第二，减肥是要减去体内多余的脂肪。

第三，体重过低不利于人体的健康。

当人体肥胖时，其体内脂肪过多，这会引起人体生理和心理的不良变化，对健康造成一定的威胁。当人过于肥胖时，高血压、心脏病、糖尿病等疾病的发病率会增高，并且也更容易患上脂肪肝、内分泌紊乱等疾病。另外，由于现代社会以瘦为美，肥胖会让人产生一定的心理压力，形成一定的心理障碍。因此，如果肥胖，就需要通过多种手段来减去体内多余的脂肪。

但是，需要注意的是，脂肪组织是人体的重要组成部分，具有多方面的生理功能，如保温作用、保护和固定作用、供给脂肪酸作用、携带脂溶性维生素并促进吸收的作用等。如果处于青春期的女性，其体内脂肪含量不足体重的 17% 时，就很难形成月经初潮，不利于生殖系统的发育以及功能的完善。体重过低还会造成免疫力降低、骨质疏松、女性月经不调等，影响成年人的体质健康。

（二）减肥就是降体重

很多人将减肥和降低体重混为一谈，将两者等同起来，这是一种错误的观念。人体包括 50%～60% 的水分、5%～30% 的脂肪和 15%～30% 的肌肉和骨骼。减肥是减去体内多余的脂肪，而减重减少的并不一定是体内的脂肪，这是一种不科学的健身方法。竞技运动员为了竞技项目的需要，往往采用减重的方法来符合各个级别的体重标准，或获得一定的体重优势。

在进行减肥之前，应对自身身体成分进行测量，重点关注体脂的百分比，如果体脂百分比并不高，则不必进行减肥。如果女性体内的脂肪低于 10%～12%，则可能出现月经紊乱、缺铁性贫血、免疫力降低等问题。

（三）跑步是有氧运动，力量练习是无氧运动

很多人认为跑步、游泳是有氧运动，而力量练习和球类运动是无氧运动，这是一种错误的观点。有氧运动与无氧运动之间的区别并不在于运动的形式，而在于人体在运动时的能量代谢方式。当人们吸入的氧气能够满足机体在运动时对氧气的需要时，氧气的供应达到了供需平衡，人体的能量代谢方式主要是有氧代谢。如果人体吸入的氧气量并不能满足人们运动的需求，则人体提供能量的主要方式就转变为无氧代谢——糖、脂肪和蛋白质的分解代谢。

以最简单的跑步运动为例，当人跑的速度较慢时，运动强度相对较小，此时机体的供能方式主要是有氧代谢，则该运动为有氧运动；当跑速较快时，人体的供能方式主要是无氧代谢，则该运动为无氧运动。因此，我们不能将一项运动简单地归纳为有氧运动或无氧运动，而更应该注重其运动的强度。

第三节　阳光体育背景下高校体育文化建设路径

一、加强大学生校园健身管理和指导工作

根据调查可知，虽然大学生对健身有较好的认知，对健身活动有一定的兴趣，但是他们的健身意识不稳定，兴趣容易发生转移，实际健身行为不太积极，因此，加强领导，建立并完善校园健身制度和评价体系，统一组织管理和指导工作，对大学生校园健身活动的开展尤为重要。

强有力的领导班子是推动高校健身文化事业发展的前提。学校可以成立学生健身工作委员会，统一组织和管理学生校园健身活动的开展，使校园各项健身活动有领导、有计划、有组织、有落实；同时，支持学生成立各种健身协会或健身社团，并且为他们的健身活动创造一切有利条件，并提供引导、支持和帮助，使之能顺利开展。

校园健身规章制度是构建校园健身文化的依据，通过制定大学生校园健身的各项规章制度，建立完整的校园健身活动评价体系，把校园健身活动纳入法治化、规范化、科学化的运行轨道。可在学校相关考核条例中，明确学校各部门在健身活动中的基本职责，把学生的健身活动列入学校各部门每学期的工作计划，并制订出相应的实施方案。建立师生合作监测制度，实时动

态地监控学生校园健身活动的开展情况和校园健身文化的发展状况,以最先进、最优秀的文化来促进和引导校园健身活动持续发展。同时要完善各种学生参加健身活动的评价体系,可以通过改革高校体育课成绩评定办法,在原来单纯的技评、达标、终结性评价体系中融入体能素质、参加校园健身活动的态度、表现与团队精神等多维内容,以此来提高大学生的校园健身实效。

认真做好大学生健身活动的组织与指导工作,充分发挥高校体育教师团队的专业特长,帮助学生根据自己的具体情况(身体素质、兴趣爱好、时间地点等)确定健身锻炼目标,选择好健身项目、方式和手段,制订适合自身的健身计划,并付诸实施。建立健身项目现场辅导站和网络指导站,安排学校体育教师帮助学生调整健身计划,对健身活动中出现的各种情况进行科学的分析、指导、帮助,不断强化学生参与健身活动的兴趣,促使其坚持参加健身锻炼,同时也能够吸引更多的人参与其中。

二、积极改善高校校园体育健身环境

从心理学上讲,当大学生已经认识到健身的意义和作用,对健身产生较浓厚的兴趣时,他们的健身意识就会处于自觉活跃状态,就会主动利用校园健身资源来满足自己的健身愿望。如果这时学校的健身资源不能满足学生的健身锻炼需要,那么他们健身的主动性将逐渐消退,健身的实效也将大打折扣。调查结果表明,大多数学生都愿意在校园里参加健身锻炼。学校健身资源的状况会直接影响到大学生参加健身锻炼的意愿。因此,高校应结合现有条件充分挖掘本校体育健身资源潜力,为大学生开展体育健身活动创造条件。

要争取学校领导对校园健身文化建设的高度重视,为校园健身文化建设提供领导,为体育健身基本建设投入经费。积极改善高校的体育健身设施状况，扩大体育健身活动设施占地面积，建设小型多样的健身场所，增添必要的现代体育健身设施；还可以购置一些健身器材摆放在校园操场上，让学生自取、自用、自放，并提供多种学生感兴趣的健身项目，如攀岩、户外运动、野外生存等项目，来激发学生参与健身的热情，真正把"让"学生健身锻炼变成学生"要"健身锻炼。

体育教师团队是构建和完善校园健身文化的重要保障。学校体育教师要在不断提高自身业务水平能力的同时，注重调整转变知识结构、不断增强知识创新意识，使自身所储备的体育健身内容、方法、手段能满足大学生校园健身需要；同时，要不断深化高校体育课程改革，在认真完成国家规定的课程方案的前提下，积极开发以健身教育为重点的公共选修课程，编写一些有本校特色的健身教育校内教材，向学生传授体育健身知识和方法，逐步形成和完善学校健身教育特色课程和课程体系。另外，高校体育课和课外活动时间是学生开展健身活动的主渠道，因此要充分利用"三课两操"时间开展健身游戏、健身体操和健身舞蹈等系列活动，让学生在活动中学会健身，在健身中丰富文化，并养成健身的良好习惯。

三、努力营造良好的高校校园健身文化氛围

（一）健身文化活动要丰富多样

丰富多样的健身文化活动是构建校园健身文化的核心。学校通过开展"校园健身文化系列活动"，能够加大校园健身文化宣传教育力度，使文化与健身呈现良性互动。这样既可以让大学生对健身文化有一个直接的感性认识和良好的情感体验，也能够让他们进一步了解健身的意义、目的、价值和方法，树立正确的健身观，从而提高大学生的创新能力和艺术欣赏水平。

（二）定期举办校园"健身节"

"健身节"的活动形式可以多样化，既包含健身表演、健身比赛、健身文化宣传教育等，也可以开展一些体育讲座、演讲等。"健身节"不仅要开展各种有趣的健身活动，还要让学生在健身趣味活动中感受到健身锻炼的快乐，并为他们提供一个展示自我和发现自我的平台。另外，"健身节"开幕式、闭幕式等大型活动，可以让全校学生和教师参加，也可以让外校师生参加。这样既是全面地展示学校健身文化生活的一个机会，更是对外宣传学校的一个窗口，通过宣传让社会更多地了解学校，使校园健身文化形成一定的社会效应。

（三）改革校运会

为了让学生适应日益增长的校园健身文化需求，可以把以运动竞赛为主的校运会转变为集健身、竞技、娱乐、艺术、文化活动于一体的现代体育活动，可结合学生的兴趣开设一些新的健身体育项目和表演项目，如广播体操、健美操、狮舞、龙灯舞、滚桶、多人多足、毽球等，使现代文化与民族文化、地方文化和传统文化相互交融，使校运会充满文化气息，丰富和促进校园健身文化的发展。

（四）渲染氛围

氛围渲染是校园健身文化发展的必要条件。积极开展以校园健身为主题的各种形式的比赛活动，如"美在健身"绘画比赛、"健身诗歌"征集比赛和"在健身锻炼中成长"征文比赛等。通过比赛活动，让学生把健身活动中的精彩瞬间、感人场面和自己在健身活动中的经历、感悟等描绘成画，编织成诗，撰写成文，以此提升学生对校园健身文化的认识，营造浓厚的校园健身文化氛围。另外，要充分运用学校的网络、报纸、广播和板报等媒体，有目的、有计划地开展宣传活动，提高大学生对健身的认识，使其树立正确的健身观。另外，可以邀请奥运会获奖运动员来校做报告或讲座等，宣传奥运健儿顽强拼搏的精神，让学生进一步了解奥运精神，并将奥运精神转化为参与健身锻炼的推动力，以实际行动投身到校园健身文化建设中，为构建和谐校园做出贡献。

第四章　高校体育竞技文化建设

竞技体育文化作为一种文化现象，在现代社会给人们的生活和工作带来了重要影响，而其在传入学校后，成为校园体育文化的重要组成部分，对学校体育的发展及学生的成长也产生了重大影响。科学建设校园竞技体育文化，可推动竞技体育积极作用的发挥和校园体育文化体系的健全与完善。本章主要就校园竞技体育文化建设进行研究，主要内容包括竞技体育文化概论、高校竞技活动与育人、我国高校体育竞技人才培养现状及模式构建、高校竞技体育与体育文化在多层面上的互动发展。

第一节　竞技体育文化概论

一、竞技体育

（一）竞技体育的概念

竞技体育指的是运动员以比赛竞争为基本手段，以满足人们审美享受及刺激等需要而开展的社会实践。

（二）竞技体育的分类

1. 非正规竞技体育

非正规竞技体育是指运动参加者为达到娱乐休闲目的而进行的带有健身性和游戏性特点的身体活动。尽管这些活动属于非正规的竞技体育，但是与竞技体育相同的是，非正规竞技体育也需要在运动规则的指导下开展，只是这种规则没有竞技体育那样严苛，比较随意，具有临时性。

非正规竞技体育的组织比较松散，有时运动进行时甚至不设裁判员，由双方协商处理场上的争议问题。这种运动几乎没有任何功利目的，参与运动的人也不是为了达到一个多么高的技术水平。一般学校班级间的非正式比赛、社区组织的竞赛、大众体育中的初级竞赛活动等都属于非正规竞技体育。

2. 组织化竞技体育

组织化竞技体育的特征是其拥有一个基本的管理组织，为了能够使比赛双方在一个公平的环境下争夺"利益"，于是它有正规的球队、团体和竞赛活动章程、规则，以及有关的组织体系，并提供运动设施、管理人员，在有争议时可以出面仲裁，还为参加者提供训练和比赛的资格和机会，对参加者的合法权益加以维护。这类竞技体育组织一般包括各国各地区体育协会、职业俱乐部、体育运动青年会、大学球队等。

3. 商业化竞技体育

商业化竞技体育融合了非正规竞技体育与组织化竞技体育的某些要素，但其更多地被笼罩于某种商业目的或企业文化目的之下，因此使竞技体育中增添了许多商业活动和商业行为。这种竞技体育具有高度组织化的特征，参与者被分割成对立的利益群体。

二、竞技体育文化

（一）竞技体育文化的含义

作为体育文化的重要组成部分，竞技体育文化是奥林匹克运动的核心，包含人本和谐、人与自然的和谐、人与人的和谐和国际社会关系的和谐等内容，体现出公平正义、充满活力和积极乐观向上的拼搏精神。

（二）竞技体育文化的特征

1. 规则性

竞技体育文化具有规则性特征，主要表现为运动员在比赛进行时要受到各种规则的约束。通常运动员在比赛开始前要了解运动规则，否则就不能对这种特殊游戏的运动进程有所把握。这是物对人的制约，也是主体之间的相互制约。体育竞赛是一场"没有硝烟的战争"，它能将人们心底深处的竞争欲望通过运动的形式表现和宣泄出来，但同时在此过程中又要受到规则的限制，以保证运动过程的公平。

实际上，竞技体育活动主体的规则性是自我约束机制的产物，是体育不同于其他活动方式的准则，也是体育文化内部多种形态的基础。否则，体育运动就不可能呈现出现在这样的文化形态。

2. 互动性

竞技体育文化与体育文化在很多方面都存在共同点。例如，对体育文化来说，体育文化是在人与自然、人与人关系的过程中的行为意识、行为方式、行为准则的积淀。这种积淀只有在活动的主体，即人与人在特定条件下的互动中才可以实现。竞技体育也是如此。

竞技体育活动主体的互动表现在许多方面，如在集体项目中运动员之间的互动、运动员与观众之间的互动、观众与观众之间的互动、运动员协会与球迷协会之间的互动，等等。在各方互动时，时常会出现一定的角色冲突。另外，金牌战略、职业化等也是这种互动下的社会适应。在一些体育活动中，活动内容之间的互动使它们在形态上相似，从而使迁移有了某种可能，可以说是活动的主体在其互动过程中对活动内容认识后的结果。不同的运动形态有其项群特征，表现出一定的相似性，如篮球与橄榄球运动方式之间的关系、橄榄球和足球之间的关系、乒乓球与网球"同宗同源"的关系就体现了这种特点。

3. 选择性

竞技体育文化还具有选择性特征，这主要表现在竞技体育活动主体的选择活动。竞技体育活动的主体在选择上，实际上是人与体育活动双向选择的过程和结果。不同的社会角色从事体育活动有其选择，从另一个角度来说是活动内容对不同角色的选择。这种选择是以活动内容、活动主体和社会角色等为依据而确定的。通常情况下，一般大众很少能接触到诸如高尔夫球或一级方程式赛车等运动。这主要是因为参与这些运动的准备条件较多，一般大众很少能负担起满足这些条件的资金。

由于竞技体育活动主体角色的特殊性，竞技体育活动内容的选择性既取决于内容本身，也取决于主体角色。竞技体育运动员选择的活动内容在形式上体现出高度的专门性。当然有些运动员也具有全面地参与其他运动项目的能力，如飞人乔丹既是篮球高手，同时也是棒球高手。不过这种"兼容"更多地出现在同类运动当中，如有的田径运动员主攻短跑项目，但同时兼顾跳远项目等。

在确定竞技体育活动的主体、内容后，与之相适应的是活动方式的选择性。需要指出的是，尽管可能会出现不同社会角色进行同一活动内容的现象，但是活动方式在数量和质量上仍然具有明显差异。对球类运动而言，运动员的活动方式与大学生参与的体育运动完全不同。尽管大学生参与的体育运动也有一定的竞争性、竞技性成分，但是反映这些竞争性、竞技性的方式与过程却是不同的，这与竞技体育运动存在明显的差别。

（三）竞技体育文化发展的意义

1. 竞技体育文化对人本和谐的构建

人自身多种功能的协调与良好融合是人本和谐的主要表现，如人的身体健康、心理状态良好、社会适应能力较强，具有正确的人生观、价值观和世界观。此外，人与自然、社会的和谐也是人本和谐的内容。

竞技体育文化对人本和谐的塑造主要体现在追求人身心发展的一致性。其实早在几千年前的古希腊人的思想中就已经存在这种理念了。考古学家曾经在希腊一处峭壁上发现了一句古老的希腊格言："如果你想强壮，跑步吧！如果你想健美，跑步吧！如果你想聪明，跑步吧！"可见古希腊人对体育的热爱以及他们很早就充分认识到健全的精神寓于健全的体魄之中，而且这种对体育运动的意愿远不仅仅是热爱那么简单，他们甚至早已将这种理念融入民族的血液之中并一直流传下来。

时至近代，现代奥林匹克运动之父顾拜旦在其著名《体育颂》中热情洋溢地礼赞："啊，体育，你就是美丽！你塑造的人体，变得高尚还是卑鄙，要看它是被可耻的欲望引向堕落，还是由健康的力量悉心培育。没有匀称协调，便谈不上什么美丽。你的作用无与伦比，可使二者和谐统一。"顾拜旦以诗一般的语言肯定了竞技体育既塑造美丽的人体，也塑造美丽的心灵，并使二者达到和谐统一。

另外,《奥林匹克宪章》中也进一步解读了竞技体育人本和谐的含义:"奥林匹克主义是将身、心和精神方面的各种品质均衡地结合起来,并使之得到提高的一种人生哲学。"这句话反映出奥运会将对完整而健康的"人"的塑造,促使人们具有健全的心理素质和良好的社会公德,培养全面发展的人看作竞技体育的精神实质。《奥林匹克宪章》认为,一名没有良好品德的运动员即便得到再好的名次,也不能得到他人的尊重和敬仰。这就从侧面说明了竞技体育并不仅仅是想要得到在某项运动中拥有登峰造极水平的运动员那么单一和纯粹,它还需要运动员拥有与这种运动水平相匹配的素质。

2. 竞技体育文化对人与自然和谐的构建

人类社会要想平稳、快速地发展,就必须对人与自然之间的关系予以重视,促进人与自然的和谐发展。人与自然的和谐是指既关注人类,又关注自然,实现人与自然携手、生物与非生物共进、过去与现在统一、时间与空间协调。竞技体育与人类任何活动一样,必须依附一定的自然环境,否则,它就无法存在和发展。竞技体育的可持续发展离不开对自然环境的利用,同时也要保护自然环境,二者必须协调统一。

关于人与自然和谐发展的重要性,近年来已经有越来越多的人认识到,在体育发展与保护自然环境中寻找平衡点非常重要且紧迫。在我国成功举办北京奥运会后,"绿色奥运"的理念深入人心,对人与自然的和谐发展起到了重要的宣传与推动作用。现代竞技体育中蕴含的"绿色"理念的深层含义,在于体育与自然环境的共生与相互关怀,在于体育在促进人与自然环境的和谐发展中所起的重要作用,体现的是人类在竞技体育中对大自然的关怀与人道主义精神。从这一层面上说,竞技体育文化中所蕴藏和弘扬的"绿色体育""绿色奥运"等理念,在很大程度上促进了人与自然的和谐发展。

3. 竞技体育文化对人际关系的构建

人际关系的和谐主要是指人与人之间处于一种公平、公正的关系中。在这种关系中，每个人享有的权利与义务相同，没有人可以获得特殊化的对待，而且在整体上没有根本性的利益冲突，即便个体之间难免发生某种冲突，在经过沟通和交流后仍旧能达到相互激励、相互促进的人际互动的社会构想。

竞技体育能够顺利发展，根本在于尊重客观和奉行公平、公正的原则。公平捍卫了体育竞赛的秩序与和谐，而公平、公正的原则要求竞赛各方在规则面前人人平等。在这一原则下，人或国家的权势和财富被摒弃在竞赛场之外，在场上对阵的双方不论国籍、社会地位和财产，运动员们只以他们的体力和技能参与角逐，比赛判定胜负的唯一标准是运动员在运动场上的成绩。正如《体育颂》中对体育的赞颂："啊，体育，你就是正义！你体现了在生活中追求不到的公平合理……取得成功的关键，只能是体力与精神融为一体。"这说明了竞技体育中人与人之间是平等与和谐的关系。在竞技体育中，利益的分配有章可循、有则可依。竞技场上的竞争异常激烈，但都是在一个相对公平的环境下进行的，可以说没有任何一个场合能与之相比。因此，竞技体育中蕴藏的这种文化内涵对构建人与人之间的和谐具有重要的影响和作用。如果违背了这种规则，那么竞技体育将会停滞不前，甚至会倒退，如20世纪80年代，兴奋剂被大量使用在运动员身上。除此之外，政治对体育的影响使许多国家抵制在那个年代举办的奥运会。这些打破和谐的因素无疑会制约竞技体育的发展。

4. 竞技体育文化对国际社会关系和谐的构建

古希腊时期举办的奥运会有非常丰富的文化特点。奥运会是祭祀活动的一个组成部分。因此，为了保持奥运会的神圣感，古希腊各城邦通过协调约定了在奥运会举办期间任何城邦不能发动战争，这就是所谓的《神圣休战条约》。通过这项协议可以看出，竞技体育的古老渊源中已经开始显现出各个政治主体之间和平、友好的基因，至少是拥有这种基因的趋势和意识。在文明社会里，竞技体育可以以有效而安全的方式转移和宣泄人本性中的暴力和攻击性。竞技体育运动中蕴藏的丰富文化内涵，不仅将攻击性引向有益渠道，而且促进了各个国家之间相互了解，促进了民族文化相互交流，促进了人类和谐共处。

第二节　高校竞技活动与育人

一、运动教学育人

运动教学育人是把运动教学中有关育人的理论寓于运动教学过程中的竞技教育。运动教学育人不是一个孤立的教育过程。

（一）转变教学思想

1. 教学中心由技术转向人

传统的运动教学以提高运动技术水平为中心，虽然培养了一批竞技水平高的运动后备人才，但是这些后备人才的综合素质并不高。当前，国内教育改革提出了从以知识为中心向以人为中心转变的教学思想；教育方式也从"应试教育"向"素质教育"转变。因此，竞技教育的教学思想也必须从以提高运动技术水平为中心向以促进全面发展为中心转变。把提高运动技术水平作为促进人的全面发展的载体，努力让学生处理好学会做人与学好技术之间的关系，这是一项重大的课题。需要注意的是，强调运动教学"以人为本"，并非忽略对运动知识、技能的教学，而是强调在运动技术教学中要潜移默化地教育人，这一点非常重要。

2. 教学的主要矛盾由"教"转向"学"

在传统运动教学中，教师如何"教"一直都是一个十分重要的问题，却很少研究学生"学"的问题，这直接制约了运动教学的发展和学生的全面发展。若"教"得好，"学"得也好，运动教学的效果会更好；如果"教"得不理想，"学"得好，尚可理解，反之，则是不可取的。所以，"学"是运动教学的主要矛盾。当前国内教育改革提出让学生"学会学习"（培养学生获取知识的能力比单纯传递知识更重要）、"学会做人"和"学会做事"的呼声越来越高。因此，在运动教学过程中，教师应"教会"运动员如何学习、做事、做人，而学生应"学会"如何学习、做事、做人。这是我国竞技人才后备队伍从"体能型"向"智体型"转变的重要措施。

（二）运动教学育人的内容体系

运动教学育人的内容体系包括理性育人和兴趣育人。

1. 理性育人

运动教学的理性育人是指把传授运动理性知识与育人相结合的教育方式。以往的运动教学突出了运动技能的实践教学，忽略将其与运动专业的理论及提高运动员做人素质的教育有机地结合起来进行多方位的育人。

运动教学的理论教学改革，首先要把专项的人文教育与实践教学结合起来。例如，足球专项理论教学要讲巴西贝利做人的情怀和中国容志行的人文精神，排球要讲中国"女排精神"，乒乓球和体操要讲中国乒乓球队和中国体操队制胜的人文精神，以此教育学生学会做人、学会竞技。其次，在重视专项运动理论教学的同时，要加强对学生运动队伍基本素质的教育，包括政治素质、文化素质、身心素质和就业素质等。提高学生的基本素质可以为其今后"做人、竞技、就业"打好基础。

2. 兴趣育人

运动教学的兴趣育人是指在运动教学中，把培养学生的学习兴趣与掌握技术有机结合起来进行育人的方式。青少年后备人才高超的运动技术是在枯燥的教学与训练中千锤百炼而形成的。所以，在长期的、艰苦的运动教学中培养学生的学习兴趣十分重要。学生在没有兴趣的条件下完全靠毅力来学习是很难的。在兴趣的驱使下，即使学习起来有困难，也能坚持完成。因为毅力受限于"超我"，要靠外在的要求支配内在力量，它需要调动相当大的心理能量来维持。所以，毅力的生成和维系都是较困难的。然而，兴趣受限于"本我"，是带有一种自然和原始色彩的内在力量，故有强烈的冲动性以及亟待满足的驱动性。因而，兴趣对于完成一项工作比毅力有着更大的爆发力和推动作用。然而，兴趣正因其源头是人的内部心理需求，所以，断了源就没有能量了，而毅力因其源头是人们的外在的心理需求，可不断从外部输入能量，因此毅力比兴趣的持续性更大。这也是人们为什么会重毅力而忽略兴趣的主要原因。但是，值得我们注意的是，当兴趣处于持续不断的状态时，兴趣对成功的贡献要远远超过毅力。因为毅力是"苦在其中"，兴趣是"乐在其中"。因此，在运动教学中，在培养学生毅力的同时，要注重培养学生的学习兴趣。

（三）运动教学育人的方法

运动教学的育人方法是在教学过程中，教练员潜移默化地把教技术和育人有机结合起来，即把运动技术教学作为育人的载体。运动教学的育人方法主要有以下两种。

1.讨论法

教学课后，师生通过讨论有关教学中遇到的问题，让学生充分发表自己的意见，培养其民主意识。这样，真正把教技术和育人结合起来，以此克服以往"空洞"的政治说教的不足。运用讨论法时须注意以下两点。

首先，在讨论前，教师应有准备，要积极引导学生发表个人意见，同时也应正确对待他人的不同意见，使讨论能够在民主、和谐的气氛中进行，从而培养师生的民主意识。

其次，在讨论后，教师要有小结，要肯定正确的意见，引导不足的地方，使以后的讨论能够在和谐的氛围中进行。

2.互助法

互助法是教师主动为学生设计的通过他们之间相互帮助才能完成动作的学习方法。这种方法既有利于学生纠正错误动作和完成高难度动作，又有利于培养学生团结协作的意识。运用互助法应注意两个问题：第一，把握好时机；第二，注意安全。通过帮助保护完成高难技术动作，要特别注意避免伤害事故的发生。

二、运动训练育人

运动训练育人是将与运动训练有关的育人理论和措施寓于训练全过程的竞技教育。过去，人们认为提高运动成绩是运动训练的核心。这个观点比较片面。提高运动技术水平和运动成绩是在运动训练过程中产生的现象，而真正决定二者提高的是从事运动的人的发展。如果人的综合素质得到提高了，那么其运动成绩才有可能得到长期、稳定的提高。因此，在运动训练过程中，对待育人与授技应一视同仁，不能偏重一方而忽视另一方。

（一）运动训练育人的特点

运动训练中的育人既与过去的政治说教不同，也不能与德育完全等同，其有着自身的特点。

1. 寓教于训

运动训练的育人过程不是一个完全独立的过程，它是将做人的教育寓于运动训练整个过程之中的潜移默化的教育活动。

2. 民主育人

现代运动训练绝不像过去那样把运动员视为单向接受运动刺激的客体。科学、民主的运动训练倡导教练员和运动员双向交流、坦诚相见、共同解决问题。

3. 管教结合

许多高水平的教练员认为，运动队育人的主要特征是半军事化的管理和民主教育方式的结合。因为运动训练长期而艰苦，这就决定了必须采取严格的、管教结合的方式来育人。

（二）运动训练育人的内容

1. 教练员的自我完善

高水平的教练员主要有两种类型：一是智能型的，如国家游泳队的教练员不但文化层次高，专业理论水平和思想境界也较高，更重要的是他们有深刻认识自己、正确认识队员以及自我完善的能力；二是体能型的，这种类型的教练员文化水准较低，但有着很强的运动技能和战术训练指导能力。然而，因为文化程度所限，他们的自我认识、自我改造能力受到了限制。但这部分人往往在还没有完全能解放自己的前提下，就想"高超"地解放别人，这是很难的。因此，要提高运动队伍的整体水平，须努力提高教练员的文化水准、专业素质以及思想道德素质，使其不断认识自己、改造自己、完善自己，进而培养出高素质的运动员。实践证明，一名高水平的教练员必须要具备能力本位的意识、育苗意识、言传身教意识、创新意识四个意识。

2. 运动员的自我完善

运动员自我完善的核心是在自我认识的基础上进行自我完善。自我认识包括对自身自然属性和社会属性的认识。人虽然是自然界大家族的成员，但由于环境污染、生态平衡的破坏等，人类自身也遭到了破坏。于是，现代人开始限制向自然索取资源和破坏自然的速度，以求社会沿着健康、持续、稳定的"绿色之路"发展。

运动员对自身社会属性的认识，主要是指他们要充分认识人的本质是一切社会关系的总和。具体来说，人是自然与社会、心理与文化的统一。运动员不是生存在真空中或独立于运动场中的"特殊公民"，而是生活在社会群体中的个体。人通过"文化"体现了其本质，与动物有了区别。因此，生活在社会群体中的个体必须要通过文化改变人，并以各种措施对各种人际关系进行协调，以促进个体和整体生存和发展环境的优化。这是决定运动员发展的一个重要环节。

第三节　高校体育竞技人才培养模式构建

一、高校竞技体育人才培养新模式构建的指导思想

（一）"以人为本"

培养优秀的体育人才，"以人为本"是根本保障，它与目前我国高校发

展的科学化走向以及学生运动员发展的主体化和个性化趋势是相符的。只有坚持"以人为本"的科学发展观，从培养理念、培养目标和培养途径等全方位实现创新，高校的体育人才培养才能取得良好的效果。培养我国高校竞技体育人才，贯彻"以人为本"，须要注意以下两点内容。

一是要把人才的成长放在首位，彻底解决只为提升运动成绩而忽视文化教育的现象，充分挖掘优秀学生运动员的各种潜力，尽可能满足运动员成长所需的环境，为运动员实现综合文化素质的协调发展和社会适应能力的最大化而努力。

二是要做到加强实践育人，提高学生运动员思想政治教育工作的针对性和实效性，重视他们的全面发展，增强其自信心，满足其成长需要，实现人人成才的目标。

（二）人才需求多元化

随着市场经济的不断发展，社会对人才的价值期望和需求结构也发生了巨大的变化。社会各部门对人才需求呈现多样化的趋势，这就需要人才培养模式也要多元化。高校单一化的人才培养目标早已不能适应社会发展的需要，与多样化的社会需求之间存在着矛盾。为适应社会对人才的多元化需求，高校必须在培养专才的同时，注重培养复合型人才。所以，我国高校竞技体育人才的培养需要多元化主体的共同参与，如体育部门、学校、企业、社区、俱乐部等。

（三）与时俱进

时代的发展召唤着高校要尽快将社会需要的高技能、高素质人才培养出来。我国高校竞技体育人才培养模式的教育理念应紧跟时代的发展，围绕培养对象、培养目标和培养途径等核心问题不断创新高技能人才培养教育理念。我国高校竞技体育人才培养模式也应与时俱进，培养出"三高型"竞技体育人才——"高文化、高修养、高技能"。

（四）注重运动员职业生涯发展

在运动员的一生中，运动员只是他们在某个发展阶段的身份，其退役后的去向及发展同样会影响他们的人生。但在我国高校竞技体育人才培养的现实中，较多的是将运动员获得的奖牌数作为衡量学生运动员及其培养单位是否优秀的标准。在此基础上，对于学生运动员退役后的职业生涯发展也应给予更多的关注。因此，高校在对学生运动员进行专业技能训练的同时，要着眼于运动员的未来，要有能够促进运动员长远发展的运作机制，即不断建立并完善相应的服务机制，帮助学生运动员正确处理好专业训练与文化知识学习之间的关系，从而为运动员退役后的发展做准备。

二、高校竞技体育人才培养新模式构建的要素

（一）培养理念

高校竞技体育人才的培养理念包括"以人为本"理念，全面发展理念，人文、科学、创新相统一的理念。我国高校竞技体育人才培养理念包括两个层面的教育理念，即中观（培养主体）层面与微观（运动队、运动员个体）层面。这些理念也就是培养主体关于人才培养的本质特征、目标价值、职能任务和活动原则等的理性认识，以及对人才培养的理想追求和所形成的各种具体的教育观念。人才培养理念旨在对"高校中的竞技体育人才应该是怎样的及应该如何培养"等问题予以回答。

（二）培养目标

培养目标是人才培养的标准和要求，是人才培养模式构建的核心，对人才培养活动具有调控、规范和导向作用。高校竞技体育人才的培养可朝着以下两个方向的目标发展。

1.确立全面发展的人才培养目标

衡量优秀运动员的素质及水平时，拥有高水平运动能力或取得出色的运动成绩并不是唯一标准，还要看其是否拥有较高的文化素质和完美的修养、人格。在我国高校竞技体育人才培养过程中，运动员除了要进行运动训练以使自己拥有高水平运动技能之外，还必须同时接受文化素质教育，以使最终培养出的体育人才既具有高水平的运动技能，又具有良好的科学文化素质和人文素养。在运动员的就业指导上坚持"授人以渔，而非授人以鱼"，使他们能够在运动生涯结束后在其他领域实现自己的价值，获得良好的发展。

2.确立多渠道、多样化的多元人才培养目标

在政府支持、学校领导重视的情况下，我国高校竞技体育人才培养的运作机制得以顺利实施，但尚无法真正发挥社会体育资源的作用和价值。随着我国市场经济体制的逐步完善以及高校竞技体育的发展，必须打破较为单一的人才培养方式。近几年，"清华模式""北理工模式""南体模式"等的成功范例，证实了我国高校多样化、多元化培养竞技体育人才的可行性。除了体育部门和企业与高校联合培养竞技体育人才之外，体育俱乐部可以看作立足于学校体育教育基础上的青少年体育运动发展的初级阶段，通过与高校的密切合作，可为高校的体育人才提供各种机会，让他们参与一切体育健身活动。我国广泛开展社区体育活动为体育运动的普及打下了良好的基础，同时也为高校运动员的发展提供了优质的"土壤"。因此，我国应采用多种渠道，

综合高校、企业、俱乐部、社区等多种机构的优势资源来培养高校竞技体育人才。

（三）培养过程

培养过程是培养理念的重要组成部分，是实现培养目标的过程，是为实现一定的人才培养目标而实施的一系列人才培养活动的过程。具体来说，培养过程就是培养方式与培养措施的有机结合。高校竞技体育人才的培养过程是为实现竞技体育人才培养目标、按照一定的竞技体育人才培养规律和培养要求而制订的一系列人才培养规划和计划，以及采取的一系列途径、方法手段的总称，是对培养方案的具体实践。各个高校应在培养人才的过程中遵循"以人为本"和全面发展的总体原则，从高校培养竞技体育人才的现实情况出发，制订相应的调整方案，将多渠道、多方面的力量调动起来，做好高校基地多元化培养工作。

（四）培养制度

制度即人们要共同遵守的规章或准则。人才培养之所以能够持续长久，其原因就是相关规章制度可以规范人才培养的活动。只有将人才培养制度化，人才培养模式才能够有机形成和发展。高校基地多元化培养模式要想长期稳定地发展，并在实践中持续发挥作用，就必须制定相应的培养制度，具体如下。

第一，从宏观、中观、微观等角度完善体育竞赛体制，落实高校竞赛制度。

第二，制订教练员定期培训政策。

第三，设立高校高水平体育人才奖学金制度等。

（五）评价机制

在高校竞技体育人才培养的整个过程中都贯穿着评价机制的环节，它通过搜集人才培养过程中各方面的信息，依据一定的标准对人才培养的质量与效益，运用评价技术，做出客观衡量和科学判断，并严格监控培养目标、培养制度、培养过程，以便及时做出调节。

对高校竞技体育人才培养质量进行评价，可以从校内和校外两个方面进行：校内评价侧重于高校人才培养目标的实现程度；校外评价（社会评价）侧重于人才培养是否与社会发展大环境的需要相符。在人才培养评价过程中，要将二者有机结合起来，通过社会评价来使学校评价中的不足得到弥补。高校基地多元化人才的培养是一项系统工程。要想充分发挥学校内部的教育评价机制以及社会评估的合力作用，就要通过改革教育评价机制和建立社会评估制度，加强科学督导，保证多元化人才的培养质量。

三、高校竞技体育人才培养新模式的理论模型构建

（一）我国高校竞技体育人才培养新模式的提出

在实践中，我国高校竞技体育人才培养模式多种多样，其原因在于各高校所拥有的资源不同，具体操作也表现各异。

我国培养竞技体育人才基本上依赖体育系统。但当前我国竞技体育的发展理念和模式发生了转变，教育资源和以职业体育俱乐部为主的其他社会体育资源使社会高度关注竞技体育的发展。这积极推动了竞技体育人才的培养，也是高校提出竞技体育人才多元化培养模式的现实基础。现阶段，高校竞技体育人才培养模式已经从过去由体育资源独家包办的单一发展格局，逐

步转变为由以教育资源为主，体育资源，企业、俱乐部等资源为辅的其他体育社会团体等多家参与的多元化格局，即高校基地多元化培养模式。该模式具有以下几个特征。

首先，强调学校教育对于高校竞技体育人才的关键作用，创新人才培养模式，使学校在培养体育人才过程中起主要作用，充分利用好学校资源，进行科学的训练，不断提高训练水平，同时加大文化教育的力度，以促进高校培养高质量的竞技体育人才。

其次，在有关企业和职业体育俱乐部中加大对竞技体育人才培养的投入力度，并发挥其对学生运动员未来职业转化的启蒙作用。

最后，结合、整合各方面的资源，达到双赢、共赢乃至多赢的目标。

（二）高校基地多元化培养模式的构建

高校基地多元化培养模式是有关学者在现阶段关于高校培养高水平竞技体育人才的理论尝试，它是在结合"体教结合模式""一条龙模式""校企结合模式"等模式的特点，并将各方面资源因素综合起来的基础上建立的，是新形势下培养全面发展的竞技体育人才的新尝试。高校基地多元化培养模式是以高校为基地，横向可与体育系统、社会企事业单位等合作，纵向可与中小学衔接（纵向向上还可延伸到研究生教育阶段），是一种能全方位、全系统培养高文化、高修养（素质）、高技能竞技体育人才的新模式。

1.高校基地多元化培养模式构建的主要要素

（1）培养理念

该模式以高校这一教育资源为根本基地培养竞技体育人才，结合多个体育相关部门，整合社会上有利于培养竞技体育人才的各种资源，一切为运动员全面、长期发展的利益着想，以培养出符合时代发展的新型竞技体育人才。

（2）培养目标

该模式使运动员既具备高水平的竞技体育水平，又有基本的高等教育文化知识和素养，以高校教育资源为主体，综合社会上可以利用的相关体育资源、社会资源、市场资源等，培养多样化发展的竞技体育人才。

（3）培养过程

在该模式中，由于国家政策的引导，普通高等院校开设学生需要普及学习的文化课程；体育俱乐部等体育系统部门为运动员提供科学的训练计划并进行合理的、系统的训练；此外，企业等社会资源为学生运动员参加比赛提供一定的经费保障，全面营造有助于学生运动员成长和发展的学习、训练环境。

（4）培养制度

该模式采用多元化方式，综合现阶段施行的有借鉴价值的多种培养模式，完善相关培养体制与机制，以不断促进我国高校体育事业可持续健康发展。

2.高校基地多元化培养模式的结构分析

从具体构成方面来说，高校基地模式可以简化为"1+X"模式。下面主要从中（宏）观层次与微观层次上解析这一模式。

（1）中（宏）观层次

从中（宏）观层次来讲，"1"是指高校，全面发展的竞技体育人才的培养离不开具有浓厚文化学习氛围的高校，除了要提升运动技能，文化水平的提高也必不可少；"X"是指有助于竞技体育水平提高的众多体育资源和社会资源，包括体育部门、企业、俱乐部、社区等，这些组织与高校的合作可以弥补高校在体育设施、训练、经费等方面的不足，以培养全面发展的竞技体育人才。

（2）微观层次

从微观层次来讲，"1"是指运动员的文化专业，高校竞技体育人才不仅要具备相应的竞技水平，更应注重文化素质水平的提高，以防出现运动员退役后就业困难和社会地位较低的情况；"X"是指运动员的体育专项技能、素质和素养。作为一名高校的学生，其第二身份是运动员，竞技体育水平代表其作为运动员的基本能力，在自己的体育专项中，保持较高层次的运动水平是基础，同时必须具备一定的品质、教养和个人修养，即实现"三高型"人才培养目标。

第四节　高校体育文化与竞技体育的互动

一、学校竞技体育与校园体育文化在物质层面上的互动发展

（一）学校竞技体育的开展促进了校园体育物质文化的发展

1. 体育场馆增加了校园体育文化的物质基础

体育场馆设施是学校竞技体育开展的基本保障。没有良好的体育场馆设施，竞技体育活动很难开展。现代运动训练实践表明，先进的训练设施、完善的器械设备、专项化的训练手段是现代运动训练所必需的，同时也是获取训练效果、保证运动成绩的一个必备条件。因此，学校开展竞技体育首先要

考虑训练及竞赛所需的体育场馆设施能否得到良好的供应。

学校体育的发展现状直接从该校的体育设施建设状况中反映出来。近年来，各级学校都很注重建设体育馆。体育馆的建设需要财力支持。体育馆的增加说明学校非常重视校园体育的发展。体育场馆的增加，一方面可以满足学校体育教学的需要，另一方面能够满足学校体育竞赛发展的需要，同时也是学校树立品牌、提高竞争力的需要。

2. 竞技体育的赛场象征性文化促进了校园体育文化的丰富

有这样一种文化现象，它们介于物质文化和非物质文化之间，但无法将其准确归纳入其中一种中去，如某些团体和旗帜、徽标、口号，某些具有暗示、纪念、象征意义的建筑、工艺及手工制品等。我们将这类文化称为象征性文化。一所学校的体育象征性文化体现着其整体的体育运动形象。这种文化包括我们所能看到的队旗、徽章、吉祥物、代表色等，还包含代表队所拥有的昵称、队歌、赛场口号等。学校竞技体育的发展要想创造出自己的品牌，彰显校园体育文化的特色，就必须注重以品牌文化作为自身发展目标的理念，在旗帜、吉祥物等设计方面体现出大学生团结协作、积极进取、敢于创新的精神风貌。

（二）校园体育物质文化为开展学校竞技体育营造氛围

美国教育心理学家比格曾说："学生的个人心理行为是由其所生活的环境决定的，处在外部环境中的事物如果不能够引起个人的注意并且加以相互作用，那它就不能对学生的个人心理和行为产生影响；如果外部环境中的事物一旦被注意并且与个人发生相互作用，那么就会形成个人的生活空间，并且影响个人的心理行为。"作为校园中的一个个体,学生对校园生活环境必然会有所需求。通常学生的这种心理需求有基础类和高级类两种类型。基础的心理活动包括感知觉、记忆、认知、判断等;高级的心理活动主要包括个人的心境、情绪、意志以及审美等。

在学校各种设施中,图书馆和体育馆一般是学生利用率最高的设施。由此我们可以看出,学校体育场馆大大影响了学生的个人行为。

体育场馆周围的"拼瓷"运动墙画,竖立在校园里的体育名人雕塑,以及让学生及时了解体育竞赛等信息的海报、宣传栏、电子屏等,这些体育设施不管是其自身内容还是由此延伸出的文化内涵,都可以对学生的思想、心理和行为产生一定的影响,具有良好的教育、熏陶和启迪作用。

二、学校竞技体育与校园体育文化在精神层面上的互动发展

(一)学校竞技体育对校园体育精神文化的影响

文化主要分物质文化、精神文化和制度文化三个层次。在这三个层次当中,精神文化是核心,其以价值为灵魂。而一个人的价值观又是其行为的出发点,行为同样也是价值观的外在体现。由此我们可知,决定人的行为的不是物质文化,也不是制度文化,而是精神文化。

1.竞技体育的精神价值

学校竞技体育对于学生的教育主要表现在爱国主义、集体主义、体育精神的传播以及学校精神的宣传四个方面。学生对竞技体育的认识水平越高,就越能够为竞技体育活动的开展奠定良好的基础。

在观看大型比赛时,首先会演奏国歌、升国旗。这对运动员和观众来说

都是一次良好的爱国主义教育。学生运动员在这种环境下所受到的教育意义会更大，尤其是当他们走向世界，在异国他乡的领奖台上奏响国歌时，他们的荣誉感与使命感会油然而生，培养了学生运动员为国争光的精神。这种精神也会慢慢转移到普通学生身上，他们也会为这种体育精神感到振奋，而这种体育精神便成为学生不断前进的动力。

2. 竞技体育的开展效应

奥林匹克运动中"更快、更高、更强、更团结"的格言是运动员体育生涯中不灭的意志，它时刻激励运动员奋发向上、敢于超越，不断追求更高的目标，不断克服艰难险阻，用辛勤的汗水去获取一次次的超越。而这种精神同样时刻熏陶着周围的每个人，给人以不抛弃、不放弃的人生启迪。奥林匹克精神是一种相互理解、友谊、团结、公平竞争的精神。学校开展竞技体育对于学生树立和培养健全的人格有重要的作用。学生通过观看高校竞技比赛，用心体会赛场上运动员所体现出的体育精神，不仅能够增加对体育的兴趣，促进人际交流，还能够树立新的体育态度，改变精神面貌，使心理素质水平不断提高和完善。

（二）校园体育精神文化对学校竞技体育的影响

校园体育精神文化的形成需要经过长时间的酝酿，是在各种条件都具备的情况下慢慢形成的，而且一旦形成，将会长时间潜移默化影响着校园的各种事物。精神和思想是人的行为的根本出发点，它的好与不好将直接影响到人这个主体的行为结果。如果校园体育精神文化有良好的建设和发展，那么就说明作为校园主体的人在体育情感、体育观念、体育思想等方面有良好的发展，而且这种精神直接体现在校园人的行为方面，而这所学校的校园体育活动也会有良好的开展。

校园体育精神直接影响校园人的体育价值观、体育思想、体育行为。校园是社会各种人才的聚集地。校园体育能够帮助他们树立正确的体育价值观。尤其是学校的领导，他们的思想及观念将直接对学校体育的发展起主导作用。校园体育精神文化的形成可以使学校领导对学校体育的发展更加重视。学校竞技体育作为校园体育的重要组成部分，必定会受到重视，而且学校竞技体育作为学校体育发展的排头兵，可直接推动整个学校的发展。学校竞技体育的良好发展可以为学校赢得荣誉，对学校发展起到积极的推广作用，而且可以形成自身的校园特色，为学生的学习与生活增色添彩。

三、学校竞技体育与校园体育文化在制度、行为层面上的互动发展

（一）学校竞技体育与校园体育制度文化

建立健全校园体育制度非常重要。一方面，它所面对的大都是尚未进入社会的在校学生。一个健全的规章制度可以有效约束学生的个人行为，使其养成规范的个人行为，并且对他们的情感、智力、人生观、价值观等起到很好的指导作用。另一方面，完善校园体育制度文化，可以使学校的各项体育工作更加具有计划性、合理性，处理和解决问题时能够有规可依，同时可以避免因过于盲目而造成工作效率低下。

我国各高校基本遵守国家下发的成文规章制度，但是部分高校没有根据自身发展现状制定适合的制度，以确保高校各种体育竞赛工作的有序进行。因此，学校应不断完善校园体育制度，使校园体育向规范化、制度化的方向发展与进步。

（二）学校竞技体育与校园体育行为文化

学校竞技体育通过各种赛事从各方面对校园体育文化的行为产生影响。赛事影响力、运动员的榜样性等都会从不同的细微方面影响校园体育行为。学校的高水平运动员代表着学校竞技体育的水平，他们通过自身的行为不断传递和推广学校竞技体育的功能，对校园体育的行为产生直接作用。高水平运动员通过与校园内各个不同群体之间的交流，可以改变一些人的体育观念，提高他们自身的技术水平，使更多的人参与到体育活动中来，从而对周围人群产生行为上的影响。

四、学校竞技体育与校园体育文化的整体性协调发展

学校竞技体育是校园体育的重要组成部分。竞技体育的发展能够促进独具特色的校园体育文化的形成，促进校园体育文化的发展。校园体育文化建设是学校文化建设的重要组成部分，不仅对学生具有"显性"教育作用，而且具有"潜移默化"的"隐性"教育作用。学校竞技体育与校园体育文化两者之间良性的互动、互促，不仅能够促进二者的发展，而且对整个校园文化，对在校的每一位学生都有积极作用。学校体育不仅是技能的传授，更重要的是促进学生体育价值观、人生价值观的形成。

（一）学校竞技体育对校园体育文化建设的积极影响

学校竞技体育的开展，可通过以下三个方面对校园体育文化建设产生积极影响。

1.学校竞技体育是我国竞技体育未来发展的一个重要趋势

这是一个慢慢转化的过程，竞技体育能在学校中开展，首先就得具备相应的物质条件，这是基础保障，而体育场馆则是这些基础条件中的首要条件。在学校内修建体育场馆设施，不仅能够满足高水平训练的需要，而且有利于促进体育教学、体育科研以及课余体育活动的发展，也能极大地丰富校园体育物质基础，美化校园体育环境。

2.学校竞技体育的开展必须要有相关的规章制度

如运动队从招生、训练到比赛都有相应的制度，还有教练员的管理等，这些规章制度对建设和完善校园体育制度文化具有重要的意义。

3.学校竞技体育与学校的一般课余体育不同，它具有学校体育所缺少的特性

竞技体育的竞争性很强。运动员在比赛的过程中所表现出来的团结协作、不放弃的精神，能够深深感染身边的观众，使他们形成正确的人生观、价值观，并且在校园内形成良好的体育文化氛围。

（二）校园体育文化建设对学校竞技体育发展的积极影响

校园体育文化包含物质文化、精神文化和行为制度文化，因此校园体育文化的建设主要从这三个方面展开。在建设过程中，它的各个方面都会相应地影响学校竞技体育的发展。

1.学校体育场馆、设施、体育标识是校园体育物质文化的重要内容

学校体育场馆、设施、体育标识的发展会对学校竞技体育产生直接影响。其中，体育场馆的构建受到学校的高度重视，从外观设计到其综合利用价值都会被考虑在内。有些学校的场馆建筑已经成为师生津津乐道的标志性

建筑物。所有这些物质基础的建设都为学校竞技体育的开展提供了基本物质保障。

2. 校园体育制度是校内各种体育行为和体育事务实施和开展的基本准则

相关的体育制度能够对校园内的各种主体行为进行规范和约束，保障各项体育事务有序进行。学校竞技体育的开展离不开这些体育规章制度，如运动员招生、教练员聘用、训练、竞赛、奖惩等都需要参考相应的规章制度。校园体育制度文化的建设与完善有力地保障了竞技体育在学校的开展。

3. 校园体育精神文化是整个校园文化的核心部分

校园体育精神文化的形成需要一个漫长的过程，而且一旦形成，将会长期存在。校园体育精神以体育价值观为灵魂，而体育行为是体育价值观最直接的表现形式。良好的体育精神能够使学生不断受到激励，敢于拼搏，从而培养其团结协作的精神，这对竞技比赛产生了很好的导向作用。

第五章 高校体育文化实践研究

第一节 高校课外体育俱乐部与校园文化建设探究实践

高校课外体育俱乐部形式能够更好地帮助高校体育的开展，由于其能够更好地延伸学生的学习领域和范围，可以说我国高校课外体育俱乐部能够更好地帮助学生进行体育知识的学习和提升自身的体育素养。正是基于这样的基本目标，我国的课外体育俱乐部活动需要不断提升自身的水平和价值，即需要和校园文化相互衔接，这样才能够更好地发挥其作为学生进行体育知识学习和体育能力提升的重要课外平台的作用。因此，本节主要就我国高校课外体育俱乐部的定义和内涵进行研究，然后针对其中的基本意义进行分析，最后对如何更好地将高校课外体育俱乐部和校园文化建设衔接进行研究，以期更好地提升我国大学生的身体素质。

我国高校正在积极构建有效的校园文化。在整个校园文化建设中，同样需要提升学生的身体素质。因此，就目前的校园文化来说，需要做的就是在构建整个校园文化的时候进行有效的体育课程的开展。这样，我国当前正在进行的高校课外体育俱乐部就能发挥积极的作用，借助于这个模式能够更好地提升学生的身体素质，也能够更好地发挥体育的积极价值。正是基于这样的原因，我国高校课外体育俱乐部与高校校园文化的有效结合就成了目前重要的一部分。下面就我国校园体育文化进行研究，希望能够更好地提升我国高校课外体育俱乐部与校园文化建设的有效性，进而不断提升我国大学生的身体素质。

一、校园体育文化的积极作用

在研究高校课外体育俱乐部与校园文化建设之前，需要明确的就是我国校园体育文化的内涵，只有在明确了基本的内涵和意义之后，才有进行相应研究的价值。因此，就我国校园体育文化来说，其主要的价值在于，其能够更好地提升学生的身体素质，而且在整个锻炼的过程中，能够更好地帮助学生进行有效的团队意识的培养。因此，可以说我国当前的校园体育文化能够更好地激发学生的学习兴趣和团队意识，这是我国当代大学生进行学习和生活的重要内容。而且，校园体育文化正是当代大学生正确价值观的组成部分，因此，在整个校园文化建设中，体育文化的建设也是一个重要环节，需要在构建校园文化的时候积极关注校园体育文化。总之，我国的校园体育文化有着极为重要的现实意义。因此，在整个校园文化建设中，要想提升校园体育文化建设的重要地位，需要更好地发挥我国高校体育文化建设的积极性，最终能更好地提升我国校园文化建设的效率。

二、高校课外体育俱乐部形式

我国高校课外体育俱乐部的形式多数情况下是网络型的，能够更好地进行学生体育能力的拓展，更加方便学生进行体育活动，提升学生的学习兴趣。这个模式主要为了有效解决以下几个问题：首先，为了转变在整个改革过程中不重视学生体育锻炼的思想，为了更好地提升学校对于体育锻炼的认识程度；其次，为了更好地解决我国体育教学中的长期锻炼和短期锻炼的问题，这是目前来看，我国高校课外体育俱乐部存在的重要意义；最后，对高校课外体育俱乐部来说，其在整个学生训练和锻炼的过程中具备拓展性，也就是在整个锻炼的过程中能够更好地帮助学生去进行体育锻炼。因此，对我国高校课外体育俱乐部的形式来说，需要做的就是进行有效的效率提升。对我国的高校课外体育俱乐部的建设来说，其需要建立完善的制度，促使整个体系能够更好地去适应学生的身体健康发展，这样才能够更好地帮助学生提升自身的素质。因此，我国高校课外体育俱乐部需要做的就是进行有效的网络化教学，这样才能够更好地去适应高校体育的发展，也能够在发展中更好地提升学生的身体素质。

三、高校课外体育俱乐部与校园文化建设的内在逻辑性

高校课外体育俱乐部是我国校园文化建设的重要载体和平台，通过有效的平台建设来提升校园文化的有效性，因此，其对于校园文化的落实有着极为重要的推动作用。校园文化建设是高校课外体育俱乐部的重要引领和指导，只有在整个校园文化建设的指导下，才能够更好地进行高校课外体育俱乐部的建设。因此，可以说高校课外体育俱乐部与校园文化建设两者的建设和相互促进是十分重要的，而且也对我国当前大学生的身体素质的提升和思想文化的提升起到了至关重要的推动作用。

我国高校在进行课外体育俱乐部建设的时候，必须重视当前校园文化的建设，只有将校园文化建设与其良好地结合起来，才能够更好地帮助学生进

行学习和生活，才能够更好地提升学生的素质，因此，将高校课外体育俱乐部与校园文化建设良好结合，是高校体育建设的关键。

第二节　高校体育文化与校园文化的互动关系

体育文化作为校园文化的一个重要内容，在高校校园文化建设中具有提高师生身体素质、为校园文化注入新气象的作用。对校园文化进行专项研究，能够培养高素质的学生和加强校园文化建设。本节将以体育文化与校园文化的互动关系为起点，分析、探讨二者的概念特点以及实践策略，旨在更好地对体育文化与校园文化进行充分把握，从而推动其向更高、更深层次的方面发展。

校园文化是学校在长期的教学实践中总结出的独特的有别于其他社会群体的一种团队意识。校园文化在育人方面起着较大的作用，它能够潜移默化地使学生具备良好的气质素养和精神品质。体育文化通过体育活动来塑造人的道德观念。校园文化与体育文化相结合，能够提高学生的体育文化素养、培养学生的体育精神，并以此为基础开展校园体育文化活动。

一、校园文化与体育文化的概念

校园文化是指以学生为主体，以课外活动为主要内容，存在于校园内的蕴含校园精神的一种群体文化。校园文化以其独特的文化氛围对广大师生产生着潜移默化的作用。良好的校园文化对于提高学生的综合素质、培养学生良好的道德观念、提高学生的审美能力等起着不可或缺的作用。良好的校园文化对于实现教育目标起着较为重要的作用。充满生机的校园文化以各种高雅的学术交流活动为支柱，以丰富的体育活动为骨肉，这样，校园文化在发展中才会生动和积极向上。体育文化是高校校园文化建设的重要环节。在学校生活中，体育文化是师生接触最为频繁、最有活力的一项文化。现代的体育文化发展迅速。丰富多彩的体育文化丰富了高校学生的课余活动，营造了积极向上的校园氛围。体育文化的塑造有利于创建校园文化的丰富多彩性，有利于发展校园文化的创造性。

二、高校体育文化与校园文化的互动关系

体育文化是校园文化的一部分，但其实体育文化是以校园文化为依托而存在的，并不是直接存在于校园文化中的。校园文化处于社会文化之中，是社会文化的反映，也是体育文化与社会文化的传播媒介。校园文化通过多种途径将社会文化纳入自身内容之中，还通过校园活动向体育文化传达社会文化的价值取向。体育文化向社会文化进行信息反馈就需要通过校园文化来进行。拥有良好的校园氛围和环境，对于学校课程目标的实现、改变学生的生活学习方式和良好作息习惯的养成都有非常重要的作用。高校中体育文化与学校的办学理念、校风校纪等内容有很大的关系，它的教育功能与校园文化有着紧密的关系。

（一）体育文化与校园文化具有相似的功能

校园文化多种多样、丰富多彩，能够满足学生大部分的娱乐、社交、学习等需求。学生从中得到丰富的情绪体验，在实践活动中提高审美能力，以此陶冶自己的性情，充实生活，升华人生的意蕴。体育文化中的体育活动是健康、高尚的，具有进取、竞争、战胜困难和经受考验的特点。体育活动有助于培养学生不畏艰难、坚强勇敢、坚毅果敢的优良品质。精湛的技术与身

体、精神美相结合，能够激起高校学生各自独特的审美要求，从而引导学生提高审美，树立正确的审美观，还可以增强学生的心理自我调控能力，开阔学生的视野和思维，促使他们的心灵趋于纯净。

（二）校园文化对体育文化具有导向功能

高校体育文化存在于校园文化中，二者之间存在共同点，都以师生为主体、以校园为范围、以育人为目的。文化是时代的产物，它在一定程度上体现时代的特性。校园文化存在于社会文化中，通过各种方式和途径将社会文化纳入自身内容之中，是社会文化的反映，也是社会文化和体育文化间的传播媒介，向体育文化传达社会文化的要求与价值取向。校园文化还制约着高校体育文化的发展，对高校体育文化具有导向作用，是它的指导方针。如今，当代高校的校园文化正处于开放阶段，接收来自社会文化的各种思想、理念。各种观念在高校校园中汇集并发生碰撞，对体育文化的发展也有一定影响。

（三）体育文化是校园文化的核心之一

体育文化是校园文化的核心之一。校园文化是体育文化的外部延伸。校园文化的本质就是培养学生，主要培养学生学习知识与技能、树立正确的"三观"、陶冶情操、提高审美能力等方面。体育文化是指体育知识、体育技能以及体育精神。体育文化对于培养学生的这些能力具有其他学科不可替代的作用。要促进高校学生思想和人格的成熟，让他们不只是从书本和课堂上获取知识，还能从良好的校园风气中获取其他有利于发展和成长的知识。丰富多彩的校园文化能够给学生提供良好的成长环境、更多的学习机会来接受体育文化教育，为他们提供自我展示与实践的机会和条件，使他们提高文化素养。

（四）体育文化与校园文化具有相互推动的作用

校园文化的核心是校园精神文化。校园精神文化可以分为三种形态：一是观念型，大致包括道德观念、价值观念、伦理观念、审美观念等多种思想观念；二是素质型，是在长时间的实践过程中形成的具有校园特色的精神；三是智能型，其主要目的是开发智力、增长知识。通过长时间的实践探究发现，体育文化对于校园文化具有推动作用。教师通过课堂这一传播媒介将体育方面的文化知识传授给学生，有利于培养学生的思维能力。教师利用自身的人格魅力，以正确的世界观、人生观和价值观潜移默化地感染学生，培养学生正确的审美观，促进学生综合素质的发展。体育文化是校园文化的一部分，而校园文化是体育文化存在与发展的大环境，对体育文化具有导向作用。校园文化的提升与发展也会带动体育文化的发展，从而为体育文化提供更广阔的范围与更优质的导向。

三、高校体育文化与校园文化的建设

校园文化建设需要将"三个面向"和培养全面发展的人作为体育文化建设的目标；校园文化建设必须把崇尚科学作为体育文化建设的宗旨；校园文化建设必须把发挥师生的创造力和想象力作为体育文化建设的动力；校园文化建设必须把制定规则作为体育文化建设的核心。不论是校园文化建设还是体育文化建设，都离不开师生的努力。

体育从广义上看是人们与社会、自然界、个体三者之间的竞争，从狭义上讲是个体之间关乎智力和体力的较量。将体育竞争的观念融入课堂学习中，一定会激发学生学习的热情和学生积极进取的心情，能够促进社会的进步与发展社会主义现代化。在校园文化建设中，要使学生认识到体育文化是一种精神产物而不是物质产物，并且体育文化要在校园文化的建设中力求达到最大的有效性，这在一定程度上促进了体育文化不断自我更新、整理。

校园文化的形成离不开学生的参与。学校里的新理念被全体成员赞同并且接受的时候，才能内化为每一位成员的思想，才能形成群体的行为，逐渐成为校园文化。在校园文化与体育文化互动的时候，学生就是连接两者的媒介，在它们之间传递各种信息，并通过自己的行为表现出来。

综上所述，体育文化不仅是校园文化的重要组成部分，还在校园文化中起着不可替代的重要作用。它与校园文化存在诸多相同之处，它的建设方向和工作形式与校园文化都有着不可磨灭的关系，因此，要在体育文化的推动下培养学生树立正确的世界观、人生观、价值观，为社会的进一步发展培养人才。

第六章　高校体育文化的传承与发展

　　作为有着 5000 多年历史的文明古国，中国的文化遗产资源异常丰富。幅员辽阔的国土上不仅遗存着许许多多有形的物质文化遗产，还拥有着大量无形的非物质文化遗产。但是，随着全球化和现代化进程的加快，人们的生活方式受到了前所未有的冲击，蕴含民族精神的非物质文化遗产已经消亡或正在从现代人的生活中消失。如何保持和弘扬独立的民族精神、保护和发展非物质文化遗产，已成为必然的文化诉求。

第一节　文化遗产与体育文化遗产释义

　　传统体育文化属于非物质文化遗产，是中华民族创造的灿烂文化的一部分，是人类共同的骄傲。非物质文化和其他事物一样，都有产生、发展、辉煌、凋零和继承保护的过程。"非物质文化遗产是不可再生资源，随着全球化趋势和现代化进程的加快，我国的文化生态正在发生巨大变化，文化遗产及其生存环境受到严重威胁。"然而，在历史的发展、社会的进程中，人们会不自觉地丢掉属于我们精神领域内本性的东西，盲目地追求外在浮华的物质。

一、文化遗产中的我国传统体育文化概述

非物质文化遗产是全球性对民族文化的维护和整理，包括中国在内的世界各个民族非常重视对自己民族传统文化的挖掘和梳理。非物质体育文化是非物质文化的子文化。研究非物质体育文化对当前我国的体育事业来说是很重要的工作之一。不论历史是如何发展的，本质的原则只有一个，那就是中国传统的优秀文化不能被舍弃和丢失，甚至是被遗忘。文化需要传承，需要继续，需要生生不息。古人说"苟日新，日日新，又日新"，即是希望文化传承能够不断自我更新，不断发展。非物质文化遗产同文化遗产一样，承载着人类社会文明，是世界文化多样性的体现。

二、非物质体育文化遗产保护的价值

（一）体育文化遗产保护的社会价值

非物质体育文化是全球性的强势文化。我们必须把握历史必然阶段的文化交流与融合，必须清醒地认识到我国非物质体育文化保护的社会价值，这注定是我们这一代体育人的历史使命。我国非物质体育文化遗产是民族的情结，是世世代代生息的土地上文化血脉的传承，是文化传播的基因。文化的国际交往有助于文化的交融和发展，但是有一个不变的原则，就是以传承主流文化为前提。

（二）体育文化遗产保护的文化价值

"我国少数民族因为各自的生活环境、文化发展程度、经济发展水平、气候气象的不同孕育出了不同特色的少数民族文化，体现了这些少数民族风里来雨里去的生产和生活中形成的特别能吃苦耐劳的文化传统"。非物质体

育文化是中华民族非物质文化的子文化。文化遗产虽然是历史尘封的记忆，但与过去的历史事件、历史阶段和历史人物紧密相关，是历史发展的物证，是文化遗存的活化石，对研究历史有着重要的价值。因此，非物质文化遗产的保护价值是多元的，不同的地域散发着不同的文化气息。

非物质文化遗产是人类自己创造的，它的继承和保护依然要靠人类自身来维系，通过加强区域性保护、建立法制体系、形成自觉保护意识可对文化做最好的延承。

三、中国体育文化遗产的发展趋势

体育文化遗产是我国非物质文化遗产的重要组成部分，它的发展与保护也受到各界专家、学者的重视。当前，对体育文化遗产的保护工作主要是由文化和旅游部门、民委部门等在实施。

（一）吸收先进文化

中华民族传统体育文化实际上是融合了许多古代民族传统体育文化而形成和发展起来的。汉唐盛世文化繁荣，体育活动丰富多彩，蹴鞠、马球运动等形式无论在规则还是内容上都较具先进性，这有多方面原因，而吸收不同文化是其中一个重要原因。只有民族的才是世界的，作为中华文化重要组成部分的中华民族传统体育文化，在经济全球化和体育全球化趋势的背景下，只有积极寻求可持续发展之路，使之既保持自身的民族特质，又汇入现代体育的共性，实现现代化发展，才能在新时代获得生存与发展。

（二）多渠道、多层次、多形式集资

我国在开发和保护传统体育文化时，采取了各种各样的手段和措施：一方面加大政府投入，设立专项基金；另一方面实施差别税率，鼓励社会资金投入文化的开发和保护上来。

要促进民族传统体育的发展，不能只靠国家投资，要采取多种投资形式，鼓励企业、个人和外商进行投资，开发民族传统体育，为民族传统体育的发展提供必要的设施、场馆，从而更好地贯彻全民健身计划。

（三）发展民族传统体育文化、旅游产业

多姿多彩的民族体育活动、色彩斑斓的民族体育服饰、体育用品及自然资源等形成了中华民族特有的民族传统体育文化、旅游资源。来自世界各地的旅游者，带着不同的价值观，甚至是不同的文化观，对民族传统体育文化、旅游产品进行认同、接受和批评等，促使民族体育文化产品的设计用意、内涵加以改进，有利于民族传统体育朝着产业化、市场化的方向发展，也有利于增强民族体育文化的竞争性，促进其全面发展。

总之，人类社会在不断地发展中，曾经创造了辉煌的文明，同时也给我们留下了丰厚的文化遗产。在这些文化遗产中，有的我们只能通过字里行间和古老的岩画、壁刻去体会；有的我们还能亲身体会其伟大魅力；有的已经化为烟尘，永远不再为人所知了……但是这些文化遗产都为我们人类的文明进步做出过或者还在做着贡献。珍惜、保护、传承文化遗产就是为了人类的明天有一个更好的发展。体育类文化遗产作为人类遗产的重要组成部分，也具有同样不可替代的作用。保护和利用好非物质文化遗产，对于继承和发扬民族优秀文化传统、增进民族团结、增强民族自信心和凝聚力、促进社会主义精神文明建设具有重要而深远的意义。

四、中国体育文化遗产传承与保护的策略

民族传统体育文化是民族传统文化的典型代表。保护民族传统体育文化是社会和时代提出的要求。因此，挖掘、整理、继承、弘扬我国优秀的民族传统体育文化是一项十分紧迫的工作，也是一项十分艰巨的任务。

（一）民族传统体育文化的保护形式

面对当前民族传统体育文化所面临的困境，从国家政府到地方，应建立起一套系统的保护政策与措施，实现"从整体到局部"的严密保护线。民族传统体育文化是中国人民劳动的产物，它来源于劳动实践、风俗习惯和日常生活等。在我国，许多民族关于历史文化的文字记载较晚，甚至有些民族根本没有形成自己系统的文字，那么用身体语言进行历史教育就成为民族文化传承的重要方式，而体育文化就是身体语言的重要形式。由此看来，保护好民族体育的继承人与代代传授的方法是保护民族传统体育文化的重要途径。

1.开展全国性民族传统体育盛会

在全国少数民族传统体育运动会上，共有 16 个竞技项目、三大类表演项目展开角逐，其不仅成为我国民族传统体育文化展演的舞台，更成为我国各民族和谐、团结、拼搏奋进的重要象征。第一届少数民族传统体育项目运动会成功举办以来，越来越多的少数民族群众参与其中，越来越多的少数民族民间体育项目被纳入比赛中。从第八届全国少数民族传统运动会开始，取消金牌榜，前八名的选手可以在同一个领奖台上领奖。在这种和谐、友谊的比赛理念影响下，没有人使用兴奋剂。这种亲和力使各民族团结在一起，和谐、友好相处。这样的民族传统体育项目不仅被很好地保护，而且通过比赛

的角逐使项目本身的趣味性增加，这对民族传统体育文化的发展和传承起到了推动作用。

2.建立民族传统体育文化保护基地

目前，我国建立了一系列传统体育文化保护基地，选拔优秀的继承人，开办民族传统体育教育班，培育民族传统体育文化的传承后代，形成民族传统体育资源开发和整理部门，发扬优秀传统体育文化，将其推向全国乃至全世界，使宝贵的文化得到发展。民族体育基地的建立是非常有必要的，而且任务刻不容缓。

（二）民族传统体育文化的发展与传承

在文化迅速变迁的背景下，对民族传统体育的批判继承和对现代体育文化的选择性吸收，是中华民族传统体育文化形成本民族特色且被国际社会认同的必经之路。现在的社会，无论哪一种文化形态的发展和开发都是以经济的发展为前提的。在中国社会主义市场经济和社会各方对文化保护事业的大力支持下，现在的任务就是选择中国特色社会主义道路，大力发展和保护珍贵的民族传统体育文化。

1.发展电视媒体和网络信息等传播途径

电视与电脑的发展与普及给民族传统体育文化的发展提供了一条便捷而又广泛的道路。各具特色的传统体育通过一定的整理出现在荧屏上，远比那些令人乏味的非黄金时段和重复播放的节目更吸引人们的眼球。这种方式可以让民族传统体育时事出现在人们的视野中，逐步走近人们的身边，加深人们对传统体育文化的了解与认识，同时激起人民群众对传统体育文化的保护热情。新兴媒体，如移动电视、数字广播、手机短信、网络、数字电视等在技术支撑体系下形成的媒体形态，能将信息覆盖到全国的各个角落，快捷地传递信息，让不同地区、不同民族的观众同步观看赛事转播，并交流自己的想法与心得，这是一种全新的突破。

2. 加强项目创新

一种文化要想发展离不开创新，而中华民族传统体育文化的发展也不例外。在民族传统文化的传承过程中，创新是唯一的途径。日本柔道、韩国跆拳道通过文化整合而走上奥运的先例给我们以启迪和经验。第九届全国少数民族传统体育运动会取消了金银牌的争夺，改为等级评判一、二、三等奖。这就较具竞争性和创新性特点，顺应了重视养生、重视人与自然和谐相处、重视天人合一的中国传统体育文化的核心思想。由此看来，创新才是中华民族传统体育文化发展的重中之重，但是创新需要资金和精力的投入，需要人才的培养和后备人力资源的储备，这就对政府和学校提出了新的要求。

3. 发挥学校和社会的教育功能

（1）民族传统体育文化的保护与传承必须重视和突出学校教育的作用

学校是社会有计划、有目的、有组织地培养人的专门场所。学校有专业的教师和丰富的体育设备，集前沿教学理论与教学内容于一体。学校是民族体育发展与传承的摇篮。经过专家的调查与研究，无论是中小学还是高校，民族传统体育都有作为教学内容的可行性，其发展空间较大。在学校中开展趣味性的传统体育项目，创编民族传统体育文化的教育读本，将民族传统体育文化渗透到教学活动中，逐步形成学校传统体育教育体系。中华民族传统体育的理论体系薄弱，可供参考的理论相对较少，研究理论与方法有待提升。学校有研究能力较强的专家、学者，有基础理论丰富的学习团体，这是民族传统体育文化理论大幅度扩展的有利因素。学校教育为民族传统体育项目推向全国提供了强大的智力支持。

（2）加大对民族传统体育文化的宣传力度，充分发挥社会教育功能

社区是社会教育功能发挥的基本单位。社区人群相对集中，居民价值取向易于整合，所以应充分利用社区宣传栏、体育广场等场所宣传民族传统体育文化的相关知识，让人们了解传统体育，参加民族传统体育项目。民族传统体育与全民健身相结合是实现民族传统体育发展的另一途径。《全民健身计划纲要》的深入实施，在全国范围内形成了一种前所未有的健身热潮，将民族传统体育项目中趣味性、表演性、健身性较强且易于开展的项目加以改造、创新，并与全民健身相结合，解决了全民健身场地、器材供应和无内容可练的困难。

五、高校体育文化与体育文化遗产的传承与保护

（一）我国体育类非物质文化遗产保护的必要性

体育类非物质文化遗产作为人类文化遗产的重要组成部分，在人类文明的进化过程中起到了重要的推动作用。我们甚至可以从民族体育发展的轨迹中，看出人类文明不断进步、冲突、融合的痕迹。

1.保护和传承非物质文化遗产是人类文明进程的必然要求

无论优秀的传统文化还是先进的现代文明，都是人类健康成长的精神食粮。我国是一个历史悠久的文明古国，不仅有大量的物质文化遗产，而且有丰富的非物质文化遗产。保护这些非物质文化遗产，既是一个民族对历史的延续、智慧的张扬、情感的联结，也是扩展时代思想、提升社会格调、培植公众修养的有利途径。

2.保护非物质文化遗产是保证世界文化多样性的重要保障

文化在不同的时代和不同的地方具有各种不同的表现形式。这种表现形式的多样性就表现为人类各族群和各社会特征的独特性和多样性。未来的世界和平只能建立在文明体系多元并立的基础上，因为只有在多元化的基础上实现的和谐，才是真正的和谐。

保护世界各民族的传统文化是世界各国的共识，也是各民族的普遍要求。正如联合国教科文组织所指出的："尊重文化多样性，宽容、对话及合作是国际和平与安全的最佳保障之一。"

3.保护非物质文化遗产是实现社会可持续发展的重要举措

可持续发展是当今世界各国普遍关注的问题，也是科学发展观的重要组成部分。自20世纪80年代起，国际社会便提出了"可持续发展"的概念。20世纪90年代起，可持续发展问题被提上联合国的重要议事日程，成为世界各国政要和学术界的共识。可持续发展就是要求我们要珍视过去，立足现在，思考未来，我们不可只顾及眼前的得失、局部的利害，而不顾全盘局势。文化遗产给社会可持续发展提供了发展的土壤和精神动力。

（二）体育文化遗产的继承措施

非物质体育文化遗产犹如乱石中的金子，在疯长的荒草和堆弃的瓦砾中散发着历史的光芒，如果精心收拾，依然会整理出精神文化的瑰宝；如散于梳理，就会埋没于匆忙的岁月。所以，非物质文化遗产的保护已是迫在眉睫的事情，我们应该坚持"非物质文化遗产的保护贯彻'保护为主、抢救第一、合理利用、传承发展'的方针"。诚然，物质文化、制度文化和精神文化是文化的三大层次，而精神文化属于文化深层次，常被人们认为是文化的核心层次。核心精神的变化常常会引起多重的反应，会影响人们生活的很多领域。因此，如何对精神文化进行继承和保护就显得格外重要。

1. 重点加强区域性保护

从非物质文化遗产的地域分布特征来看，不同的地区其文化遗产是不同的，而且不同的因素是多方面的。非物质文化遗产是一个地区历史积淀的结果，与本地区的民俗、习惯、风俗、信仰有很大关系。地区的差异本质上是文化的差异。我们强调对非物质文化遗产的保护，首先是对地区文化的认同，这是一个最基本的认识，在此基础之上才有可能对非物质体育文化遗产进行继承和保护。

2. 文化延承是非物质体育文化遗产的根本

世界非物质体育文化的繁荣，最基本的还是继承和发扬光大。文化的延承是非物质文化遗产的生命线，是代代相传的基础。我们期待着有更多的人走向民间、走向田野，去整理失落太久的文明，那将是最大的文化延承。

3. 建立法制体系保护

我国的非物质文化遗产保护只有个别单项条例和地方性条例。尽管我国正式加入了联合国《保护非物质文化遗产国际公约》，但我们还应该尽快建立自己的法律与制度，从法律和制度的角度保护珍贵的非物质文化遗产资源，来健全法律、法规体系。

4. 加强国民教育，形成自觉保护意识

通过向公众，尤其是向青年宣传和传播信息的教育计划，通过有关社区和群体的具体的教育和培训计划等途径，使非物质文化遗产在社会中得到确认、尊重和弘扬。教育是产生文化认同的动力。历史表明，经济全球化趋势与非物质体育文化遗产流失成正比。教育的保护应该有多条主线，不仅仅局限在学校教育上。这种教育要面向全社会，形成大家共同的认识意识，因为体育文化遗产具有不可复制性、不可再造性和民族特有性。

第二节　高校体育文化现代化

民族传统体育——我国优秀的民族文化之一，内容丰富多彩，形式多种多样，其功能具有休闲娱乐、养生保健、竞技等。我国高校体育提出实现竞赛和普及相结合的"两条腿走路"等实现民族传统体育未来发展的具体设想措施。

一、体育文化的现代化转型

现代体育的兴起是文明社会的重要标志。实现体育现代化是一个历史过程，是中国现代体育的基本走向。中国传统体育与现代体育的糅合、并驾齐驱，是中国体育现代化的基本特点。

（一）中国传统体育与近代体育的糅合

中国作为拥有 5000 多年历史的文明古国，其文化也是源远流长、博大精深的。文化范畴广阔，体育文化也是其不可或缺的一部分。体育文化反映了体育的整体面貌，通过各种体育活动得到具体展现。体育文化在当今不仅能体现出个人素养，也能展现出小到一个多人集体，大到一个国家的整体风貌，因而体育文化在当下有着越发重要的地位。"体育"这一术语并非是我国固有的，它是从国外传进来的。我国在使用"体育"这一术语之前，使用的是"体操"一词。这一词义同现代体育运动项目的"体操"不同，它泛指整个体育。在我国古代还未出现一个可以概括所有体育活动的概念或术语，没有一个与今天"体育"完全相当的概念。类似"体育"词义的，有"养生""导引""尚武""习武"等。

1. 遵循"礼"

"礼"是中国传统文化价值体系的中心范畴和文明进化的主旋律。孔子是中国礼文化的集大成者。他提出"不学礼，无以立"，把一切都纳入礼的轨道，所以体育文化活动也不例外。中国古代体育文化是传统文化的一个组成部分。例如，盛行于唐代的"十五柱球戏"，柱子上就分别标有"仁、义、礼、智、信、温、良、恭、俭、让"等红字和"傲、慢、佞、贪、滥"等黑字，木球击中红者为胜，击中黑者为败。这个小游戏充分表达了娱乐活动中的道德规范和价值观念。

2. 内外兼修

中国古代体育由于受这种思想的影响，偏重在修身养性、陶冶性情上下功夫，不像西方古代体育追求人体美，追求力量、速度。在中国古代的典籍中描述最多的古代体育莫过于武术和养生运动。这两种运动都有着深层次的哲学思想、成熟的习练方法、完美的艺术形象。注重武德、内外兼修、神形兼备，历来是习武者的第一要义。在整个武术运动的习练中，无处不凸显出自强进取、自我修养、人格完善的传统文化精神。愉悦身心、宣泄情绪同样是中国古代体育所具有的文化功能，民间体育和女子体育尤甚。

3. 具有艺术性

比如，西周时期的"礼射"，不只是单纯的射箭表演和比赛，还按等级配有不同的音乐，这可以说既是古代的体育，又是古代的艺术。还有中国武术的发展，最初的武艺主要是在军事战争中形成和发展起来的；后来，当它逐渐脱离军事而独立存在、自成体系时，它的艺术性也就越来越高。除此之外，中国古代体育中其他项目，如剑舞、龙舟竞渡、秋千、蹴鞠、滑冰等，也都追求形式美和艺术性的表现。

（二）全球化背景下的中国体育文化

全球化是非蓄意和非预期的全球性效应，而不是全球性倡议和行动。在全球化视域下对中国体育发展的哲学思考，"不再仅是追求唯一的真理，或者是追求普遍的共识，还可以从不同的背景进行各种探讨，去扭转人人习以为常的思维"。"人的发现"和"人文精神的反思"是人类永恒的两大课题。

近年来，中国在经济发展上逐渐增强了民族自信心，接下来就是在心理上、文化上逐渐建立起中华民族的自信。中国体育人文之中心价值在哪里？中国体育的长远之路又在何方？这些问题都值得思考。

（三）全球化进程中中国体育文化获得了机遇

1. 在文化发展领域

随着改革开放的推进，文化领域开始觉醒繁荣，社会主义新文化发展迎来了空前的机遇和发展空间。人们的思维空前活跃，视野极大地得到开阔。

全球化的发展使得人们打破了原有的传统思想禁锢，不断消除思想误区，促进观念更新，最终不断接近或形成政治文化、民主科学和思想自由理性。

2. 全球化为中国体育文化走向世界奠定了基础、提供了契机

文化在互通的同时，也形成对比和竞争，彼此促进发展，但这并不影响它们的接触和交流。全球化正是在这样一种平台意义上，为中国文化和体育文化发展奠定了良好基础，提供了有效契机。中国体育文化植根于中华大地，是中华民族文明的璀璨结晶。中国文化追求人与自然的和谐。"天人合一""道

法自然"等文化理念是与世界文化相一致的，有着殊途同归的人类文化旨趣。中国文化中追求辩证思维、讲求人伦道德等积极内容，也给了西方文化很好的借鉴，起到了良好的文化发展补充作用。

3. 全球化过程中增强了体育文化民族主体的自信心和自尊心

20 世纪 90 年代以后，随着全球化认知的理性化和科学化，人们才充分意识到自身民族文化的科学定位以及发展趋势。从一定意义上讲，全球化不仅为民族文化和体育文化提供了平台基础，提升了民族自信和自豪感，也为中国文化和体育文化发展指明了方向。

二、高校体育文化现代化的发展策略

要把体育教育作为基础的学科来进行系统的课堂教学，要保证学校体育教学的质量，可以采取一些具体措施来配合学校体育教学的实施，如规定文化课不及格可以进行补考，如果体育课达不到要求不可以补考，这样严格的规定势必会提高学生对体育课的重视程度。

（一）高校体育教育现代化的必要性

中国现代化建设是以市场经济发展为前提的，那么我国的体育教育现代化的发展就不可能脱离中国的基本国情。只有正确地看清本国存在的不足，合理汲取世界各国的优秀文化，发展中国特色体育现代化的理论，才能使中国体育现代化与体育现代化教育有更好的发展，最终将中国的完美形象展现在世界舞台上。众所周知，文化是一个民族经过长时间沉淀下来的巨大财富。民族文化可以反映一个国家的特征。

（二）高校体育教育现代化发展的策略

1. 体育教学思想现代化

教育思想现代化，即教育思想主动适应社会变革，对教育建设具有超前意识，它包括人才观、质量观、教育价值观、教学观、师生观，并在教学实践中身体力行，使之成为全体教育工作者的自觉行动。就体育教学而言，应从单一的生物体育教学观转变到多维的体育教学观；从传统的以体育知识、技能灌输传授为中心转向以培养学生自主学习、自主锻炼、发展独立思考能力和创造能力为主的体育教学；从多元化、全面性、发展性的教学目标出发，从体育教学的生物、社会教育、心理方法论等多重原理出发，注重不同年龄段学生在体育知识、技能、体育兴趣及体育价值观方面的培养；改变人为地用心率、密度等生物学科的知识和方法来评定任何体育课的思想。

2. 体育教学内容现代化

用先进的科学技术来充实技工学校的教育内容，强调教材要反映出现代科学文化的先进水平。因此，教育内容的精心优选和科学搭配是教育现代化难度最大、影响最广泛的基础性工作。

因此，在内容的选择上要注意继承与创新的结合。理论课教材应选择有利于强化学生健身意识、增强学生体质的知识，以及养护身心理论和方法等方面的内容。同时，应该用发展的实事求是的观念来扬弃传统的教学方式、方法，充实学校体育教育的文化价值与观念体系。实践课教材应打破以竞技运动为中心的教材体系，选用具有较高锻炼价值和终身效益的民族传统体育项目等个体练习教材，培养学生科学锻炼、养护身体的能力。

3. 体育教师队伍现代化

体育教师队伍的现代化是体育教学现代化的核心因素。现代化的体育教师应具有一定的体育知识和技能技术等专业素质，掌握现代教学方法、新型教学设备的操作技术和一定的专业外语能力，具有正确的人才观、教育观、师生观。这就要求体育教师不仅要注重提高自己的学历层次，更要注重不断吸收新知识，更新知识结构，学会改变体育教学工作中形成的传统工作习惯与思维方式，用现代教育思想与理论武装自己，使自己的观念和认识得到提高。

4.体育设施现代化

（1）电子计算机的运用

在对运动员进行训练的时候，电子计算机是教练最常用的工具。教练可以把运动员的生理状况通过编写程序输入计算机中，根据队员的自身情况制订针对性较强的训练计划。在竞赛的时候，电子计算机能够综合运动员的各项结果，预测出运动员在下节比赛中可能表现出的状态，这样就可以给教练足够的时间来制订准确的战术。在现场比赛设备布置方面，电子计算机常常和记分牌相连接。计算机的应用不仅能够提高记录的准确性，还能自动排出名次，最重要的是可以将比赛成绩转化成信号传送到屏幕上。

（2）激光、电子设备的运用

训练过程中随处可以见到激光、电子设备的运用，如录像机、摄像机、立体摄影仪等。这些设备的应用可以从不同的视角来记录场上队员的表现，以便在赛后进行正确的技术分析，同时也能给观众清晰地呈现不同场地的不同镜头的切换。

（3）电子遥测技术的运用

体育科研中随处可见心率、心电等遥测设备，可以随时监控运动员在训练时身体各项指标的改变，合理地安排运动量。在比赛过程中，教练员可以通过电子遥测技术对运动员进行场外指导，及时纠正错误，从而达到预期的效果。

在未来的体育现代化发展中，我们要通过各方面的不懈努力来打破局限性，积极吸取国外的先进训练方法并向国外推广我国的先进理论，通过不断加强国际体育交流与信息搜集，实现体育教育现代化，走向全世界。

参考文献

[1] 谢萌. 高校体育文化教育研究 [M]. 长春: 吉林人民出版社, 2021.

[2] 向青松. 高校体育文化理论与实践研究 [M]. 北京: 中国原子能出版社, 2020.

[3] 张鹏. 高校体育文化教育与运动研究 [M]. 长春: 吉林科学技术出版社, 2020.

[4] 董艳芬. 高校体育文化理论与实践研究 [M]. 北京: 北京工业大学出版社有限责任公司, 2019.

[5] 康丹丹, 施悦, 马烨军. 高校体育文化建设与大学生体育健康 [M]. 长春: 吉林人民出版社, 2020.

[6] 赵一刚. 高校校园体育文化建设与探究 [M]. 北京: 中国原子能出版社, 2022.

[7] 李进文. 高校体育教学与体育文化融合发展研究 [M]. 北京: 中国原子能出版社, 2021.

[8] 李鑫, 王园悦, 秦丽. 体育文化建设与高校体育教学模式研究 [M]. 北京: 中国纺织出版社, 2019.

[9] 严美萍. 高校健美操与校园体育文化的协同发展研究 [M]. 长春: 吉林大学出版社, 2019.

[10] 顾碧威. 诠释体育精神与文化: 高校团体操创编理论与实践 [M]. 北

京：北京工业大学出版社 , 2019.

[11] 刘尧峰，熊高燮，臧鹤鹏 . 追求健康与挑战极限：我国高校体育运动文化解析 [M]. 长春：吉林大学出版社 , 2012.

[12] 吕品 . 高校体育文化理论与实践研究 [M]. 长春：吉林出版集团股份有限公司 , 2021.

[13] 刘青 . 新时期高校体育文化构建研究 [M]. 长春：吉林人民出版社 , 2021.

[14] 张雷 . 高校体育文化教育与全民健身研究 [M]. 天津：天津科学技术出版社 , 2020.